мари кондо

магическая уборка

японское искусство наведения
порядка дома и в жизни

ОДРИ®

Москва 2021

УДК 64
ББК 37.279
К64

Marie Kondo
THE LIFE-CHANGING MAGIC OF TIDYING.
JINSEI GA TOKIMEKU KATAZUKE NO MAHO
by Marie Kondo
Copyright © 2011 by Marie Kondo.
Original Japanese edition published by Sunmark Publishing, Inc., Tokyo, Russian-language translation rights arranged with Sunmark Publishing, Inc., through InterRights, Inc., Tokyo, Japan, Waterside Productions Inc., CA, USA and The Synopsis Noa LLP.

Перевод на русский язык Э. Мельник

Художественное оформление П. Петрова

К64 **Кондо, Мари.**
Магическая уборка. Японское искусство наведения порядка дома и в жизни / Мари Кондо ; [пер. с англ. Э. И. Мельник]. — Москва : Эксмо, 2021. — 320 с. — (Метод КонМари. Японские секреты идеального порядка).

ISBN 978-5-699-82795-4

Она была странным ребенком и вместо детских игр занималась... уборкой. В старших классах ее подружки искали идеальную любовь, а она — идеальный способ складывать и хранить носки. Родители думали, что из нее получится неплохая домохозяйка, а она заработала миллионы, помогая людям избавляться от хлама в своих домах.

Тридцатилетняя Мари Кондо — самый востребованный в мире консультант по наведению порядка и автор революционного «МЕТОДА УБОРКИ КОНМАРИ». Следуя ее рекомендациям, вы наведете порядок дома и в жизни — один раз и навсегда.

УДК 64
ББК 37.279

ISBN 978-5-699-82795-4

© Мельник Э. И., перевод на русский язык, 2015
© Оформление. ООО «Издательство «Эксмо», 2021

содержание

предисловие 11

頭 **1. Почему я не могу поддерживать порядок в своем доме?** 21

Вы просто не умеете правильно убираться. .23

Наводим порядок один раз и навсегда. . . .26

Убирайте понемногу каждый день —
   и будете убирать вечно. 30

Цель — совершенство 33

Уборка «перезагружает» вашу жизнь. . . .36

Эксперты по хранению — скопидомы . . .40

Сортируйте по категориям,
   а не по месту расположения 42

Нет нужды искать «свой» метод уборки . . .46

Превратите уборку в особенное событие . .50

頭 **2. Вначале — избавьтесь от ненужного** 57

Для начала избавьтесь от ненужного —
   одним махом. 59

Прежде чем начать, воочию представьте
   себе конечную цель 63

содержание

Принцип отбора: вызывает ли это радость? .67
Одна категория за один раз 73
Начинайте правильно. 76
Не позволяйте родным подглядывать 80
Сосредоточьтесь на своей комнате 83
Что не нужно вам, не нужно
и вашим родным. 89
Уборка — это диалог с самим собой 94
Что делать, если у вас не поднимается
рука что-либо выбросить. 98

頭 **3. Как проводить уборку
по категориям** 103
Придерживайтесь правильного порядка. . 105
Одежда. *Сложите вместе все предметы
одежды, имеющиеся в доме* 109
Удобная домашняя одежда.
*Разжалование в категорию
«удобной домашней
одежды» запрещено!* 113
Хранение одежды. *Складывайте
правильно — и вы решите
проблемы с хранением* 115
Как складывать.
*Лучший способ складывания
для идеального внешнего вида* 120
Расположение одежды. *Секрет:
как зарядить ваш гардероб энергией* . . . 125
Хранение носков. *Относитесь
к своим носкам
и колготкам с уважением*. 129
Сезонная одежда. *Нет необходимости
убирать на хранение
несезонную одежду* 134

содержание

Хранение книг. *Сложите все книги вместе*.. 138

Непрочитанные книги. *«Когда-нибудь» означает «никогда»* 142

Книги, которые следует сохранить. *Те, которым место в «зале славы»* 147

Сортировка документов. *Основное правило: выбросите всё*. 151

Все о бумагах. *Как организовывать проблемные бумаги*. 155

Комоно (категория «разное», часть I). *Храните вещи потому, что вы их любите, – а не «просто так»* 163

Мелочь. *Девиз – «в кошелек»* 166

Комоно (категория «разное», часть II). *Одноразовые вещи – вещи, которые хранятся «просто так»* 170

Сентиментальные вещи. *Родительский дом – не склад для ваших сувениров* 177

Фотографии. *Цените себя таким, каковы вы сейчас* 182

Поразительные склады вещей, которые мне случалось видеть. 187

Сокращайте «до щелчка» 193

Слушайтесь интуиции — и все будет хорошо 195

4. Как хранить вещи для восхитительной жизни 199

Отведите для каждой вещи особое место . 201

Вначале выбрасываем, остальное храним . 206

Хранение: стремитесь к максимальной простоте. 209

Не устраивайте места для хранения по всему дому 214

содержание

Забудьте о «потоковом планировании» и «частоте использования» 218

Никогда не складывайте стопками. Главный секрет — вертикальное хранение 223

В специальных приспособлениях для хранения нет необходимости. . . . 226

Лучший способ хранения сумок — в другой сумке 232

Ежедневно опустошайте свою сумку 236

Множеству предметов место в комоде . . . 238

Поддерживайте чистоту вокруг ванны и кухонной раковины 241

Украсьте шкаф на свой вкус 244

Сразу же распаковывайте новую одежду и снимайте с нее ярлычки 246

Не стоит недооценивать «шум» письменной информации 249

Цените свою собственность 252

頭 5. Магическая уборка преобразит вашу жизнь 259

Приведите свой дом в порядок — и узнаете, чем вы на самом деле хотите заниматься 261

Волшебный эффект уборки преобразит нашу жизнь 265

Обрести уверенность в жизни благодаря уборке. 268

Привязанность к прошлому или тревога о будущем 271

Как узнать, без чего можно обойтись . . . 275

Здороваетесь ли вы со своим домом? . . . 281

содержание

Ваши вещи хотят вам помочь 286
Ваше жизненное пространство воздействует на ваше тело. 288
Порядок притягивает удачу 291
Как определить, что для нас действительно драгоценно 293
Окружите себя вещами, которые делают вас счастливым 296
Настоящая жизнь начинается после того, как вы приведете свой дом в порядок . 300

頭 **Послесловие** 303

предисловие

場所

А *вам* когда-нибудь приходилось лихорадочно заниматься уборкой — только для того, чтобы обнаружить, что вскоре ваш дом или рабочее место снова загромождается мусором? Если да, позвольте мне поделиться с вами секретом успеха. В этой книге я подробно рассказала, как привести ваше пространство в порядок так, чтобы это изменило вашу жизнь навсегда. Скажете, невозможно? Это обычная реакция — и неудивительно, учитывая, что каждый из нас по меньшей мере один раз, если не множество раз испытывал на себе «эффект обратного действия» после уборки своего дома.

Метод КонМари прост. Это остроумный и эффективный способ победить захламленность навсегда. Начните с избавления от мусора. Затем организуйте свое пространство — тщательно, полностью, за один раз. Если вы возьмете на вооружение эту стратегию, то больше никогда не вернетесь к захламленности.

Хотя этот подход противоречит общепринятому мнению, каждый, кто применяет метод КонМари целиком и полностью, с успехом поддерживает порядок в своем доме — причем с неожиданными результатами. Приведение дома в порядок позитивно воздействует на все остальные аспекты жизни — включая работу и семью. Посвятив более 80 процентов своей жизни этой теме, я *знаю*, что уборка может преобразить и вашу жизнь.

Вам по-прежнему кажется, что это звучит слишком хорошо, чтобы быть правдой? Если ваше представление об уборке состоит в том, что нужно избавляться от одного ненужного предмета в день или понемногу убирать свою комнату, тогда вы правы. Это вряд ли сколько-нибудь серьезно повлияет на вашу жизнь. Однако если вы измените свой подход, то уборка может оказать поистине неизмеримое воздействие. В сущности, это и означает — привести ваш дом в порядок.

Я начала читать журналы для домохозяек с тех пор, как мне исполнилось пять лет, и именно это вдохновило меня, начиная с пятнадцатилетнего

Наводя порядок в доме,
вы наводите порядок
и в жизни.

возраста, всерьез заняться поиском идеального способа уборки. Что, в свою очередь, привело к созданию Метода КонМари (КонМари — это мой псевдоним, сложенный из первого слога моей фамилии и имени). Теперь я стала консультантом и провожу бо́льшую часть своего времени, приезжая в дома и офисы, давая практические советы людям, которые считают уборку трудным делом, которые убирают, но страдают от эффекта обратного действия или которые хотят заняться уборкой, но не знают, с чего начать.

Количество вещей, выброшенных моими клиентами, — от предметов одежды и белья до фотографий, ручек, вырезок из журналов и пробной косметики — наверняка уже перевалило за миллион единиц. Это не преувеличение. Мне случалось помогать отдельным клиентам, которые за один раз выбрасывали по двести 45-литровых пакетов с мусором.

В результате исследования искусства упорядочивания и моего обширного опыта в помощи неорганизованным людям, желающим стать чистюлями, появилось одно убеждение, которое я могу высказать с абсолютной уверенностью: существенная реорганизация дома вызывает столь же существенные перемены в образе жизни и мировоззрении. Она трансформирует жизнь. Я не шучу. Вот лишь несколько свидетельств из тех, которые я ежедневно получаю от бывших клиентов.

предисловие

«Окончив ваши курсы, я ушла со своей работы, открыла собственный бизнес и теперь занимаюсь тем, чем мечтала заниматься с тех пор, как была ребенком».

«Ваш курс помог мне понять, что мне по-настоящему нужно, а что нет. Поэтому я подала на развод. Теперь я чувствую себя намного счастливее».

«Недавно со мной связался человек, с которым я давно хотела познакомиться».

«Рада сообщить, что после того, как я вычистила свою квартиру, мне удалось существенно увеличить продажи».

«Между мной и мужем возникло гораздо большее взаимопонимание».

«Я с изумлением обнаружила, что, выбросив некоторые вещи, во многом изменилась сама».

«Мне наконец-то удалось сбросить три килограмма».

Мои клиенты просто светятся от счастья, и результаты показывают, что уборка изменила их способ мышления и подход к жизни. В сущности, она изменила их будущее. Почему? Более подробный ответ на этот вопрос дается на протяжении всей книги; но, если в двух словах, приводя свой дом в порядок, человек приводит в порядок свои дела и свое прошлое. В результате он вполне отчетливо понимает, что ему нужно в жизни, а что не нужно, чем сто́ит заниматься, а чем не сто́ит.

В настоящее время я предлагаю курс занятий для клиентов у них на дому, а для владельцев компаний — в их офисах. Все это частные уроки, проходящие один на один с клиентом, но от желающих нет отбоя. В настоящее время мой список ожидания растянулся уже на три месяца, и я ежедневно получаю запросы от людей, рекомендованных мне бывшими клиентами или наслышанных о моем курсе от кого-то другого. Я езжу по Японии из конца в конец, а иногда бываю и за границей. Билеты на одну из моих публичных лекций для домохозяек и матерей были полностью распроданы за один вечер. Был составлен не только лист ожидания на случай отказа от занятий, но и список желающих просто попасть на лист ожидания. Однако количество повторных обращений ко мне равно нулю. С точки зрения бизнеса это может показаться фатальным недостатком. Но что, если отсутствие повторных обращений в действительности является секретом эффективности моего подхода?

Как я уже сказала в самом начале, люди, которые пользуются методом КонМари, больше никогда не захламляют свои жилища и офисы. Поскольку они способны поддерживать порядок в своем пространстве, нет необходимости повторно приходить на занятия. Время от времени я связываюсь с людьми, окончившими мои курсы, и узнаю, как у них дела. Почти во всех случаях их дом или офис по-прежнему пребывает в порядке; мало того, они еще и продолжают совершенствовать свое пространство. По присылаемым ими фотографиям видно, что теперь у них еще меньше вещей, чем было, когда они оканчивали мой курс, и что они приобрели новые занавески и мебель. Они окружены только теми вещами, которые по-настоящему любят.

Почему этот курс преображает людей? Потому что мой подход — не просто технический метод. Акт уборки — это ряд простых действий, в ходе которых объекты передвигаются с одного места на другое. Он подразумевает перемещение вещей на те места, где им надлежит быть. Кажется, всё настолько просто, что это должен быть способен сделать даже шестилетний ребенок. Однако большинство людей с задачей не справляются. Вскоре после уборки их пространство вновь превращается в хаотический беспорядок. Причина тому — не отсутствие навыков, но скорее отсутствие осознания и неспособность убираться эффективно. Иными словами, корень проблемы находится в мышлении. Успех на 90 процентов зависит от нашего мысленного настроя. Если исключить из общего числа людей немногочисленных счастливчиков, для которых упорядочивание — естественный процесс, у всех остальных, если мы не занимаемся этим аспектом прицельно, эффект обратного действия неизбежен, и неважно, насколько много вещей выброшено или насколько разумно упорядочены остальные.

Так каким же образом обрести этот правильный мысленный настрой? Для этого существует лишь один способ, и, как ни парадоксально, этот способ — обзавестись правильным методом. Запомните: Метод КонМари, который я описываю в этой книге, — это не просто набор правил сортировки, упорядочивания и хранения. Это руководство по обретению правильного мысленного настроя для создания порядка и становлению вас как аккуратного человека.

Конечно, я не могу утверждать, что все мои ученики в совершенстве овладели искусством уборки. К сожалению, некоторым по той или иной причине пришлось прервать курс, не завершив его. А другие прекращали занятия, потому что рассчитывали, что я стану делать всю работу за них.

Будучи фанатиком и профессионалом упорядочивания, я могу сказать вам прямо сейчас: не имеет значения, насколько старательно я пытаюсь организовать пространство другого человека, насколько совершенную систему хранения я разработаю, — я никогда не смогу привести дом другого человека в порядок в истинном смысле этого слова. Почему? Потому что осознание человека и его точка зрения на собственный образ жизни гораздо важнее, чем любые навыки сортировки, хранения или чего угодно еще. Порядок зависит от личных ценностей, определяющих желанный для человека образ жизни.

Большинство людей предпочли бы жить в чистом и убранном пространстве. Любой, кто исхитрился убраться хотя бы один раз, захочет, чтобы все таким и оставалось — убранным. Но многие не верят, что это возможно. Люди испытывают на практике разнообразные подходы к уборке — и обнаруживают, что вскоре ситуация возвращается к «норме». Однако я совершенно убеждена, что каждый способен поддерживать свое пространство в порядке.

Чтобы сделать это, крайне важно пристально пересмотреть свои привычки и сложившиеся взгляды на уборку. Может показаться, что это слишком обширная работа, но не волнуйтесь! К тому времени, как вы закончите читать эту книгу, вы будете готовы и полны желания эту работу сделать. Люди часто говорят мне: *«Я человек, не организованный по натуре. Я не могу этого сделать»* или *«У меня нет времени»*; но беспорядочность и неаккуратность — не наследственные качества, и они не связаны с отсутствием времени. Они гораздо сильнее связаны с накоплением ошибочных представлений об уборке, например таких: лучше всего разбираться с одной комнатой за один раз; или лучше всего понемногу убирать каждый день; или хранение должно соответствовать потоковому плану.

В Японии люди верят, что такие действия, как уборка своей комнаты и поддержание туалета в состоянии безупречной чистоты, приносят удачу, но если ваш дом захламлен, то эффект от полировки унитаза все равно будет невелик. То же верно и для практики *фэн-шуй*. Только после того, как вы приведете свой дом в порядок, ваша мебель и декоративные элементы начнут искриться жизнью.

Когда вы закончите приводить свой дом в порядок, ваша жизнь разительно изменится. Как только вы почувствуете, каково это — иметь по-настоящему организованный дом, — вы ощутите, что весь ваш мир стал ярче. Вы никогда больше не вернетесь к захламленности. Вот это я и называю магией уборки. И последствия ее колоссальны. Вы не только перестанете устраивать беспорядок, но и получите новый старт в жизни. Это магия, которой я хочу поделиться с как можно бо́льшим числом людей.

почему я не могу
поддерживать порядок
в своем доме?

вы просто не умеете правильно убираться

完璧

Когда я говорю кому-нибудь, что моя работа — учить других людей убираться, обычно ответом мне бывает изумленный взгляд. «*Неужели на этом действительно можно делать деньги?*» — это первый вопрос моего собеседника. А за ним почти всегда следует другой: «*Неужели людям нужны уроки уборки?*»

Действительно, хотя самые разные инструкторы и школы предлагают курсы практически по любым дисциплинам, начиная от кулинарии и садоводства и заканчивая йогой и медитацией, но чтобы найти курс занятий по уборке, придется немало потрудиться. Принято считать, что уборке не учат, что ее навыки возникают естественным путем. Кулинарные умения и рецепты передаются из поколения в поколение как семейная реликвия, от бабушки к матери, от матери к дочери; однако никто никогда не слышал о том, чтобы в какой-то семье, даже в одном и том же домашнем хозяйстве, передавали из рук в руки секреты уборки.

Вернитесь мысленно к своему собственному детству. Я уверена, что большинство из нас бранили за то, что мы не убирали свои комнаты; но многие ли родители сознательно учили нас убирать? У многих ли это было частью воспитания? В одном из исследований по этой теме менее половины процента респондентов утвердительно ответили на вопрос *«Проходили ли вы когда-нибудь формальную подготовку по обучению уборке?»*. Да, наши родители требовали, чтобы мы убирали свои комнаты, но и их самих никогда не учили, как это делается. Когда речь заходит об уборке, все мы — самоучки.

Обучению уборке не уделяют внимания не только в семье, но и в школе. На занятиях по домоводству в Японии и во всем мире детей могут учить готовить гамбургеры в классе кулинарии или пользоваться швейной машинкой, чтобы скроить себе фартук; но, в отличие от кулинарии и кройки и шитья, теме уборки практически совсем не отводится времени.

Пища, одежда и крыша над головой — простейшие и важнейшие человеческие потребности, так что можно было бы подумать, что условия, в которых мы живем, должны считаться столь же важными, как и то, что мы едим и носим на себе. Однако в большинстве обществ уборке — той работе, которая делает дом жилым помещением, не придают особого значения из-за неверного представления, что основные навыки уборки воспринимаются путем опыта и, следовательно, не требуют специальной подготовки.

Действительно ли люди, которые занимаются уборкой на протяжении большего числа лет, чем другие, справляются с ней лучше? Ответ отрицательный. Двадцать пять процентов моих учеников — женщины в возрасте за пятьдесят, и большинство из них были домохозяйками на протяжении около тридцати лет, что делает их практически ветеранами этой работы. Но можно ли сказать, что они справляются с уборкой лучше, чем двадцатилетние? Верно как раз обратное. Большинство из них столько лет применяли общепринятые подходы, которые не работают, что их дома сейчас переполнены ненужными предметами и они силятся удержать захламленность под контролем с помощью неэффективных методов хранения. Как же можно ожидать, что они будут владеть эффективными навыками уборки, если они никогда не изучали эту тему как следует?

Если у вас тоже нет навыков эффективной уборки, не отчаивайтесь. Сейчас самое время научиться. Изучая и применяя Метод КонМари, представленный в этой книге, вы сможете избежать порочного круга захламленности.

наводим порядок один раз и навсегда

«Я занимаюсь уборкой тогда, когда вдруг осознаю, насколько не убран мой дом, но стоит мне покончить с уборкой, как вскоре все опять приходит в беспорядок». Это распространенная жалоба, и стандартный рецепт, предлагаемый журнальными колумнистами, таков: *«Не пытайтесь убрать весь дом за один раз. Добьетесь лишь обратного эффекта. Заведите привычку делать каждый раз понемногу».* Я впервые услышала эту старую песню, когда мне было пять лет. Будучи средним ребенком в семье с тремя детьми, я в детстве не могла пожаловаться на отсутствие свободы. Мама была занята уходом за моей новорожденной младшей сестрой, а брат, который был на два года старше меня, не отрывался от видеоигр. В результате я проводила бо́льшую часть времени дома, предоставленная самой себе.

почему я не могу поддерживать порядок

Когда я росла, моей любимой формой досуга было чтение журналов для домохозяек о стиле жизни. У моей матери была подписка на *ESSE* — журнал, заполненный статьями об украшении интерьера, об облегчении работы по дому и содержащий обзоры новых товаров. Как только журнал доставляли, я выхватывала его из почтового ящика еще до того, как об этом узнавала мама, вскрывала конверт и с головой погружалась в его содержимое. По дороге домой из школы я любила заходить в книжную лавочку и полистать *Orange Page*, популярный японский кулинарный журнал. Я еще не могла прочесть все слова, но эти журналы с фотографиями вкусных блюд, восхитительными советами по удалению пятен и жира и идеями, помогающими сэкономить лишнюю иену, так же зачаровывали меня, как руководства по играм зачаровывали моего брата. Я загибала уголки страниц, которые привлекали мой интерес, и мечтала испытать эти советы на практике.

Я также придумывала самые разнообразные одиночные «игры» для самой себя. Например, прочитав статью о том, как можно экономить деньги, я сразу же включилась в игру под названием «экономь энергию», в ходе которой рыскала по всему дому и выдергивала из розеток приборы, которые в данный момент не работали, хоть и не знала тогда ничего об электрических счетчиках. Прочитав другую статью, я стала наполнять пластиковые бутылки водой и класть их в туалетный бачок в индивидуальном соревновании за экономию воды[1]. Статьи о методах хранения вдохновили меня превратить картонные пакеты от молока в ячейки для ящиков моего письменного стола и соорудить полочку для писем, впихнув пустые коробки от видеокассет между двумя соседними предметами мебели. В школе, пока остальные дети играли в салки или чехарду, я незаметно ускользала, чтобы привести в порядок книжные полки в нашем классе или проверить содержимое чулана для швабр, постоянно сетуя на неправильные методы хранения: «Если бы здесь был S-образный крюк, всем этим было бы гораздо легче пользоваться...»

Но была одна проблема, которая казалась неразрешимой: сколько бы я ни убирала, очень скоро любое пространство вновь превращалось в хаос. Ячейки в ящике моего письменного стола, сделанные из молочных картонок, вскоре переполнялись ручками. Полочка для писем, сделанная из футляров для видеокассет, вскоре оказывалась настолько забита письмами и бумагами, что они высыпа́лись на пол. В готовке или шитье мастерства действительно можно достигнуть практикой, но хотя уборка тоже является подвидом работы по дому, мне не удавалось

---

[1] При этом сокращается объем спускаемой из бачка воды. В Европе рекомендуют кирпич (*прим. ред.*).

добиться никаких улучшений, и, как бы часто я ни убирала, порядок ни в одном помещении не сохранялся долго.

«Тут уж ничего не поделаешь, — утешала я сама себя. — Эффект обратного действия — это как стихийное бедствие. Если я буду делать всю работу сразу, это сулит мне лишь разочарование». Я читала эти слова во многих статьях об уборке и пришла к выводу, что они верны. Если бы у меня сейчас была машина времени, я бы отправилась в прошлое и сказала себе: «Это неправда. Если будешь применять правильный подход, никакого эффекта обратного действия не будет».

У большинства людей словосочетание «эффект обратного действия» ассоциируется с диетой, но и в контексте уборки оно не теряет своего смысла. Кажется логичным, что внезапное и решительное сокращение захламленности может иметь тот же результат, что и значительное сокращение потребляемых калорий, — краткосрочное улучшение возможно, но оно не продержится долго. Но не обманывайтесь. В тот момент, когда вы начинаете передвигать мебель и избавляться от лишних вещей, ваше пространство меняется. Все очень просто. Если вы приведете свой дом в порядок одним гигантским усилием, вы полностью его вычистите. Эффект обратного действия имеет место потому, что люди ошибочно полагают, что уборка проведена тщательно, когда в действительности они лишь отчасти рассортировали и убрали на хранение вещи. Если вы приведете свой дом в порядок правильно, то сможете всегда поддерживать чистоту в нем, даже если вы ленивы или неряшливы по натуре.

убирайте понемногу каждый день — и будете убирать вечно

А как насчет предположения о том, что нужно убирать понемногу каждый день? Хотя оно звучит убедительно, не позволяйте себя обмануть. Причина, по которой вам кажется, что уборка никогда не заканчивается, заключается именно в том, что вы убираете понемногу.

Изменить привычки в области стиля жизни, приобретенные на протяжении многих лет, часто бывает крайне трудно. Если вы до сих пор ни разу не преуспели в сохранении порядка, то вскоре обнаружите, что почти невозможно приучить себя убирать понемногу. Люди не способны изменить свои привычки, не изменив предварительно способ мышления. А это нелегко! В конце концов, ведь очень трудно контролировать собственные мысли. Однако существует один способ радикально трансформировать свой способ мышления применительно к уборке.

почему я не могу поддерживать порядок

Тема уборки впервые привлекла мое внимание, когда я училась в средних классах школы. Мне попала в руки книжка под названием «Искусство избавления от ненужных вещей» (*The Art of Discarding*) Нагиса Тацуми, в которой объяснялось, как важно выбрасывать ненужные вещи. Я подцепила эту книжку в магазине по пути домой из школы, заинтригованная темой, с которой я сталкивалась и прежде, и до сих пор помню тот трепет, с которым я читала ее в поезде. Я настолько увлеклась, что едва не проехала свою станцию. Оказавшись дома, я пошла прямо в свою комнату, прихватив с собой кучу мусорных пакетов, и заперлась там на несколько часов. Хотя моя комната была невелика, к тому времени, как я закончила, у меня образовалось восемь пакетов, полных мусора, — одежды, которую я никогда не носила, учебников времен начальной школы, игрушек, с которыми я не играла уже не один год, коллекций ластиков и печаток. О существовании многих из этих вещей я просто позабыла. После этого я почти час просидела на полу, как истукан, уставившись на кучу пакетов и думая: «И для чего мне вообще нужно было хранить всю эту ерунду?»

Однако больше всего меня потрясло то, насколько иначе стала выглядеть моя комната. Спустя всего несколько часов я смогла увидеть участки пола, которые до этого ни разу не видели дневного света. Моя комната полностью преобразилась, и даже сам воздух внутри ее стал настолько свежее и чище, что у меня сразу просветлело в голове. Оказывается, уборка способна оказывать гораздо большее воздействие, чем я могла себе представить. Пораженная размахом перемен, с того дня и впредь я переключила свое внимание с кулинарии и шитья, которые прежде считала важнейшими навыками домохозяйки, на искусство уборки.

Уборка дает видимые результаты. Уборка никогда не лжет. **Главный секрет успеха таков: если убирать одним махом, а не постепенно, то можно навсегда изменить свое мышление и жизненные привычки.** Мои клиенты не развивают привычку убирать постепенно. Все они навсегда избавились от захламленности с тех самых пор, как начали свой уборочный марафон. Этот подход — ключ к предотвращению эффекта обратного действия.

Если люди снова захламляют свои помещения, даже когда они часто убирают, проблема заключается не в самих помещениях и не в количестве вещей, но в способе мышления. Даже если они поначалу испытывали прилив вдохновения, им трудно сохранять мотивацию, и их старания понемногу сходят на нет. Главная причина этого кроется в том факте, что они не видят результатов или не чувствуют воздействия своих усилий. Именно поэтому успех зависит от возможности немедленно ощутить осязаемые результаты. Если вы будете применять правильный метод и концентрировать свои усилия на тщательном и полном избавлении от хлама в пределах короткого периода времени, то увидите мгновенные результаты, которые придадут вам сил поддерживать свое пространство в порядке — отныне и всегда. Любой, кто прочувствовал этот процесс на себе, кем бы он ни был, поклянется себе никогда больше не захламлять помещение.

цель — совершенство

«Не ставьте себе целью совершенство. Начинайте с малого и просто выбрасывайте по одному предмету в день». Какие приятные и утешительные слова для тех, кому не хватает уверенности в своей способности убирать или кто убежден, что у него нет достаточного количества времени, чтобы выполнить эту задачу как следует! Я наткнулась на этот совет в тот период, когда запоем читала все подряд книги об уборке, когда-либо опубликованные в Японии... и заглотила наживку — вместе с крючком, леской и поплавком. Инерция, которой дало толчок мое неожиданное прозрение относительно возможностей уборки, начинала выдыхаться, и мною стало овладевать уныние из-за отсутствия стабильных результатов. Мне показалось, что в этих словах есть смысл. Ведь кажется, так трудно стремиться к совершенству с самого начала! Кроме того, совершенство — предположительно — недостижимо. Выбрасывая по одной вещи в день, я могла бы избавиться от 365 вещей к концу года!

Убежденная в том, что нашла очень практичный метод, я тут же начала следовать инструкциям из этой книги. Утром я распахнула дверцы шкафа, гадая, что бы мне такое выбросить сегодня. Увидев футболку, которую я больше не носила, я сунула ее в мусорное ведро. Прежде чем отправиться в постель следующим вечером, я выдвинула ящик письменного стола и обнаружила там блокнот, который показался мне слишком уж «малышовым». Я бросила его в мусорный мешок. Заметив в том же ящике стопку клейких отрывных листочков, я подумала про себя: «Ой, это мне тоже больше не нужно», — но, уже протянув было руку, чтобы взять их и выбросить, я замешкалась, поскольку у меня появилась новая мысль. «Я могу приберечь их, чтобы выбросить завтра». И я дождалась следующего утра, чтобы выбросить листки. Прошел еще день, и я напрочь забыла о том, что нужно что-то выбросить, поэтому через день выбросила сразу два предмета...

Честно говоря, я не продержалась и двух недель. Я не из тех людей, которым нравится подолгу корпеть над каким-нибудь занятием, продвигаясь вперед мелкими шажками. Для людей вроде меня, которые берутся за решение задач перед самым дедлайном, этот подход просто не работает. Кроме того, выбрасывание одного предмета в день не компенсирует того, что я, идя по магазинам, покупаю по нескольку предметов каждый раз. В конечном счете скорость,

почему я не могу поддерживать порядок

с которой я сокращала количество предметов, не смогла угнаться за темпом приобретения новых вещей, и мне пришлось признать тот обескураживающий факт, что мое пространство по-прежнему захламлено. Прошло совсем немного времени, и я попросту забыла о том, что нужно следовать правилу выбрасывания одного предмета в день.

Так что я скажу вам, опираясь на собственный опыт: вы никогда не приведете свой дом в порядок, если будете убирать его вполсилы. Если, как и я, вы не относитесь к трудолюбивому, настойчивому типу людей, тогда я рекомендую сразу ставить себе целью совершенство.

Многие могут запротестовать против слова «совершенство», утверждая, что это неосуществимая цель. Но не волнуйтесь! В конце концов, уборка — это просто физический акт. Совершаемую в его процессе работу можно грубо разделить на два типа действий: решить, нужно или не нужно выбрасывать конкретный предмет, а потом решить, где его разместить. Если вы способны осуществлять две эти операции, то наверняка можете достичь совершенства. Предметы можно сосчитать. Все, что вам нужно сделать, — это посмотреть на каждый предмет, беря их в руки по одному, и решить, стоит его сохранить или нет, а если да, то какое место для него выделить. Больше ничего для выполнения этой работы не нужно. Провести идеальную и полную уборку одним махом не так уж трудно. На самом деле это под силу любому человеку. А если вы хотите избежать эффекта обратного действия, то это — единственный способ.

уборка «перезагружает» вашу жизнь

С вами когда-нибудь случалось так, что вы никак не могли сесть за занятия вечером накануне экзамена, а вместо этого начинали лихорадочную уборку? Признаюсь: со мной такое случалось. В сущности, для меня это было обычным делом. Я собирала груды дополнительных материалов, которыми был завален мой письменный стол, и выбрасывала их в мусорную корзину. А потом, не в силах остановиться, собирала все учебники и бумаги, загромождавшие комнату, и начинала расставлять их на книжных полках. Наконец, я выдвигала ящики стола и принималась упорядочивать всякие ручки и карандаши. Не успевала я оглянуться, а на часах уже была половина третьего ночи. Сморенная сном, я рывком просыпалась в пять часов утра — и только тогда, в состоянии полнейшей паники, открывала учебники и садилась заниматься.

Я думала, что это неудержимое стремление заняться уборкой перед экзаменом — моя особенность; но, повстречав немало людей, которые делают то же самое, я осознала, что это распространенный феномен. Многие люди, переживая стресс, ощущают побуждение прибраться, например перед экзаменом. Но это побуждение возникает не потому, что они хотят убрать свою комнату. Оно возникает потому, что им нужно привести в порядок что-то еще. На самом деле их мозг жаждет погрузиться в занятия, но когда он замечает захламленное пространство, фокус внимания переключается на мысль «мне необходимо убрать свою комнату». Тот факт, что побуждение к уборке редко «остается в живых» после окончания кризисной ситуации, доказывает эту теорию. Как только экзамен заканчивается, энергия, которая вылилась в уборку накануне вечером, рассеивается, и жизнь возвращается к норме. Любые мысли об уборке выветриваются из разума человека. Почему? Потому что проблема решена, то есть «убрана» потребность в занятиях к экзамену.

Это не означает, что уборка комнаты на самом деле успокоит ваш перевозбужденный разум — хотя и может помочь вам временно почувствовать себя отдохнувшими, поскольку вы не занялись истинной причиной своего беспокойства. Если вы позволите себе достигать временного облегчения, приводя в порядок свое физическое пространство, и тем самым будете обманывать себя, то никогда не распознаете потребность вычистить свое психологическое пространство. В моем случае так и было. Когда я отвлекалась на свою «потребность» убрать комнату, уборка отнимала столько времени, что я всегда слишком поздно садилась заниматься, и результатом всегда были ужасные оценки.

Давайте представим себе захламленную комнату. Беспорядок в ней возникает не сам по себе. Это вы, человек, который там живет, устраиваете беспорядок. Есть такое выражение: **беспорядок в комнате — беспорядок в голове.** Я смотрю на это следующим образом. Когда комната становится захламленной, причина этого — далеко не только физическая. Визуальный беспорядок отвлекает нас от истинного источника беспорядка в нашей жизни. Сам акт захламления в действительности является инстинктивным рефлексом, который отвлекает наше внимание от корня проблемы. Если вы не способны расслабиться в чистой и убранной комнате, попробуйте разобраться со своим чувством тревожности. Так вы можете пролить свет на то, что в действительности вас беспокоит. Когда ваша комната чиста и не захламлена, у вас не остается иного выбора, кроме как изучить свое внутреннее состояние. Вы обретаете способность увидеть проблемы, которых избегали, и вынуждены разбираться с ними. С того момента, как вы начинаете убирать, вы вынуждены «перезагружать» свою жизнь. И в результате жизнь начинает меняться. Вот почему задачу по приведению своего дома в порядок следует решать быстро. Это позволяет заняться проблемами, которые действительно важны. Убор-

Визуальный беспорядок
отвлекает нас
от истинного
источника беспорядка
в нашей жизни.

ка — это просто инструмент, а не конечный пункт назначения. Истинной целью должно быть установление такого стиля жизни, который для вас желаннее всего, — сразу же после приведения в порядок вашего дома.

эксперты по хранению — скопидомы

Какова первая проблема, которая приходит на ум, когда думаешь об уборке? Для многих первый и самый быстрый ответ — вопрос хранения. Мои клиенты часто хотят, чтобы я научила их, что и где следует хранить. Поверьте, я способна это понять — но, увы, не в этом истинная проблема. Мина-ловушка заложена в самом слове «хранение». Статьи о том, как лучше упорядочить и хранить вещи и продукты, всегда содержат шаблонные фразы, благодаря которым это кажется простым делом; например, «организуйте свое пространство за минимум времени» или «сделайте уборку быстрым и простым делом». Человеку свойственно выбирать легкие пути, и большинство людей падки на методы хранения, которые обещают быстрые и удобные способы избавления от видимой захламленности. Признаюсь, я тоже некогда была зачарована мифом о хранении.

Будучи фанаткой журналов для домохозяек с детских лет, всякий раз, читая статью о том, как надо убирать вещи, я тут же старалась применить

почему я не могу поддерживать порядок

предложенные методы на практике. Я изготавливала ящики из коробок и разбивала копилку, чтобы купить всякие хорошенькие штучки, придуманные для хранения вещей. Учась в старшей школе, по дороге домой я заглядывала в магазинчик «Сделай сам» или просматривала журнальную стойку, чтобы не упустить ни одной новейшей идеи. Однажды я даже позвонила в офис компании — производителя особенно заинтересовавших меня предметов для хранения и донимала их требованиями рассказать мне, как эти вещи были изобретены. Я с сознанием исполняемого долга пользовалась этими предметами, чтобы упорядочить свои вещи. А потом вставала посреди комнаты и любовалась плодами трудов своих, довольная тем, каким удобным становился мой мир. Исходя из этого опыта, я могу с чистой совестью объявить, что методы хранения не решают проблему захламленности. В конечном счете они являются лишь ее поверхностным решением.

Когда я наконец опомнилась, то увидела, что моя комната по-прежнему не выглядит убранной, несмотря на то что она была битком набита полочками для журналов, книжными полками, разделителями ящиков и другими всевозможными приспособлениями для хранения. «Почему моя комната по-прежнему кажется захламленной — даже после того, как я так упорно трудилась, стараясь упорядочивать и убирать свои вещи?» — недоумевала я. В отчаянии я принялась пересматривать содержимое каждого предмета для хранения — и тут-то меня настигло откровение. Мне совершенно не были нужны — в большинстве своем — те вещи, которые в них лежали. Хотя я думала, что убираю, в действительности я просто тратила свое время, распихивая вещи и убирая их с глаз долой, пряча то, что мне вообще не было нужно. Когда вещи не видны с первого взгляда, это создает иллюзию, что проблема захламленности решена. Но рано или поздно все приспособления для хранения переполняются, комната снова наводняется вещами и становится ясно, что необходим некий новый и «простой» метод хранения, что создает негативную спираль. Вот почему уборка должна начинаться с избавления от ненужных вещей. Нам необходимо применять самоконтроль и сопротивляться побуждению складывать свои пожитки на хранение до тех пор, пока мы не закончим выяснять, что́ нам на самом деле нужно и хочется сохранить.

сортируйте по категориям, а не по месту расположения

Я всерьез начала изучать тему уборки, когда училась в средних классах школы, и в основном это изучение состояло в непрерывной практике. Каждый день я убирала какое-нибудь одно по-

Занимаясь уборкой, мы чаще всего просто распихиваем по полкам то, что нам вообще не нужно.

мещение — собственную комнату, комнату брата, комнату сестры, ванную комнату. Каждый день я планировала, где буду убирать, и в одиночку начинала «кампании», которые напоминали своими девизами распродажи по бросовым ценам: «Пятое число каждого месяца — день гостиной!», «Сегодня — день уборки кладовой», «Завтра — борьба со шкафчиками в ванной!».

Я сохранила эту привычку, даже перейдя в старшие классы школы. Придя домой, я сразу направлялась в ту комнату, которую решила убрать в этот день, даже не сменив школьную форму на домашнюю одежду. Если моей целью были пластиковые шкафчики в ванной, я раскрывала настежь дверцы и выгружала все из одного ящика, включая косметические пробники, мыло, зубные щетки и бритвы. Потом я сортировала все это по категориям, упорядочивала с помощью разделителей для ящиков и возвращала выгруженное в шкафчик. Наконец, я в тихом восхищении подолгу смотрела на аккуратно организованное содержимое, прежде чем перейти к следующему ящику. Я часами просиживала на полу, сортируя вещи из шкафчика, пока мама не звала меня ужинать.

Однажды я сортировала содержимое ящика из комода в прихожей и вдруг застыла в изумлении. «Кажется, это тот же самый ящик, который я обработала вчера», — подумала я. Нет, ящик был другим, но предметы, лежавшие внутри, были теми же самыми — образцы косметики, мыло, зубные щетки и бритвы. Я сортировала их по категориям, вкладывала в коробки и возвращала в большой ящик — точно так же, как делала накануне. И в этот момент до меня дошло: убирать, исходя из места расположения, — это фатальная ошибка. С грустью должна признаться, что мне потребовалось три года, чтобы понять это.

Многие люди с удивлением узнают, что такой якобы жизнеспособный подход в действительности является общей ловушкой. Проблема коренится в том факте, что люди часто хранят предметы одного типа в разных местах. Когда мы убираем каждое место в отдельности, мы упускаем из виду, что повторяем одну и ту же работу во многих местах — и попадаем в порочный цикл бесконечной уборки.

Чтобы избежать этого, я рекомендую проводить уборку по категориям. Например, вместо того, чтобы решить, что сегодня вы будете убирать какую-то конкретную комнату, задайте цель типа «сегодня одежда, завтра книги». Одна из главных причин того, что многим из нас никак не удается добиться успеха в уборке, заключается в наличии слишком большого количества вещей. **Это излишество вызвано тем, что мы попросту не знаем, сколько всего у нас на самом деле есть.** Когда мы распространяем места хранения однотипных предметов по всему дому и убираем по одной комнате за один раз, нам никак не удается оценить их общий объем — а следовательно, мы никак не можем закончить уборку. Чтобы избежать этой негативной спирали, проводите уборку по категориям, а не по месту хранения.

нет нужды искать «свой» метод уборки

Книги об уборке и избавлении от хлама часто утверждают, что причины захламленности зависят от личности конкретного человека и что поэтому нам следует искать тот метод, который лучше всего подходит к типу нашей личности. На первый взгляд этот аргумент кажется убедительным. «Так вот почему я не могу поддерживать свое пространство в чистоте! — думаем мы. — Метод, которым я пользовался, не соответствует моему характеру». Мы можем даже свериться с удобной таблицей, в которой указано, какой метод подходит ленивым людям или занятым людям, разборчивым людям или неразборчивым людям, — и выбрать тот, который подходит нам.

В какой-то момент я увлеклась этой идеей — классифицировать методы уборки по типу характера. Я читала книжки по психологии, спрашивала клиентов, какая у них группа крови, каковы характеры их родителей и т. д., и даже обращала внимание на даты их рождения. Я потратила более пяти лет на анализ своих открытий, ища общий принцип, который диктовал бы наилучший метод для каждого типа личности. А вместо этого обнаружила, что нет совершенно никакого смысла менять свой подход так, чтобы он соответствовал твоей личности. **Когда речь заходит об уборке, большинство людей ленивы, а кроме того, слишком заняты.** Что же до разборчивости, то каждый имеет особенное отношение к одним определенным вещам, а не ко всем. Изучая предложенные личностные категории, я осознала, что так или иначе подпадаю под все и каждую из них. Так по каким же стандартам должна была я классифицировать причины, побуждающие людей к неряшливости?

У меня есть привычка пытаться классифицировать все подряд, вероятно потому, что я потратила так много времени на размышления о способах упорядочивания. Начиная работать консультантом, я старательно трудилась, стараясь классифицировать клиентов и подогнать содержание моих услуг так, чтобы оно подходило для каждого типа. Однако теперь, оглядываясь назад, я вижу, что мною двигал некий скрытый мотив. Я почему-то воображала, что сложный подход, состоящий из различных методов для различных типов характера, поможет мне выглядеть профессиональнее. Однако по зрелом размышлении я пришла к выводу, что гораздо больший смысл имеет классифицировать людей по их поступкам, а не по неким обобщенным личностным чертам.

Применяя этот подход, людей, которые не способны сохранять порядок, можно классифицировать всего по трем типам: тип «не могу выбросить», тип «не умею класть на место» и тип «и то и другое вместе». Затем, глядя на своих клиентов, я осознала, что девяносто процентов людей подпадают под третью категорию — тип «не могу выбросить и не умею класть на место», в то время как оставшиеся десять процентов относятся к типу «не умею класть на место». Я еще не встретила ни одного человека, который бы относился к чистому типу «не могу выбросить» — вероятно, потому, что у любого, кто не способен выбрасывать вещи, вскоре скапливается столько вещей, что пространство для хранения переполняется. Что же касается десяти процентов, которые могут выбрасывать, но не умеют класть вещи на место, когда мы начинаем убирать всерьез, вскоре становится очевидно, что они могли бы выбрасывать гораздо больше, потому что эти люди собирают по меньшей мере 30 мешков мусора.

Я это к тому, что уборка должна начинаться с избавления от вещей вне зависимости от типа личности их хозяина. Если мои клиенты усваивают этот принцип, мне нет необходимости изменять содержание того, что я преподаю, таким образом, чтобы это подходило конкретному человеку. Я преподаю одно и то же всем. Разумеется, то, как я его подаю и как каждый клиент применяет его на практике, происхо-

Эффективная уборка включает всего два важнейших действия: избавиться от ненужного и определить, где хранить нужное.

дит по-разному, потому что каждый индивидуум столь же уникален, как и способ, которым он обставляет свой дом. Эффективная уборка включает лишь два важнейших действия: избавление от ненужного и определение, где хранить нужное. Из этих двух действий выбрасывание должно стоять на первом месте. Этот принцип не меняется. Все остальное зависит от степени опрятности, которой вы лично хотите достичь.

превратите уборку в особенное событие

Я начинаю свой курс именно этими словами: «Уборка — это особенное событие, которое происходит раз в жизни». Обычно за этими словами следуют несколько мгновений ошеломленного молчания. И все же я повторю: уборку следует проводить лишь один раз. Или, говоря точнее, работа по уборке должна быть выполнена раз и навсегда в пределах одного пространства.

Если вы думаете, что уборка — это бесконечная скучная обязанность, которую следует исполнять ежедневно, вы серьезно ошибаетесь. Существует два типа уборки — «ежедневная уборка» и «уборка как особое событие». Ежедневная уборка, которая состоит в пользовании вещами и возвращении их обратно на свои места, всегда будет частью нашей жизни, пока нам необходимо

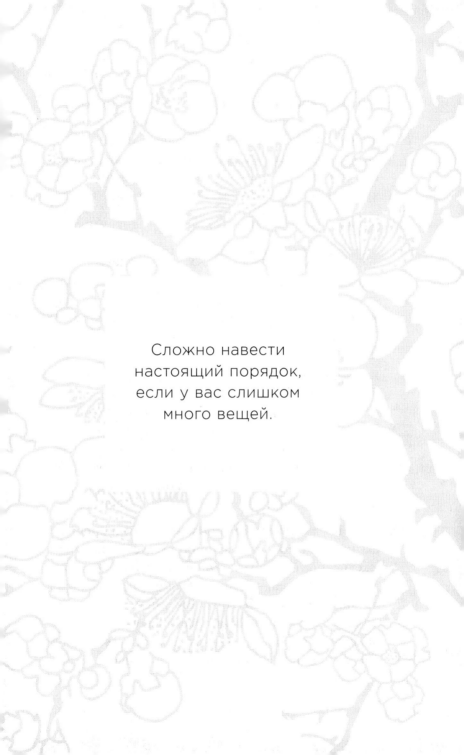

Сложно навести настоящий порядок, если у вас слишком много вещей.

будет пользоваться одеждой, книгами, письменными принадлежностями и т. д. Но цель этой книги — вдохновить вас как можно скорее организовать это «особое событие» — приведение вашего дома в порядок.

Успешно выполнив эту единственную в своем роде за всю жизнь задачу, вы достигнете того образа жизни, к которому стремитесь, и сможете наслаждаться чистым и незахламленным пространством по своему выбору. Способны ли вы, положа руку на сердце, поклясться, что счастливы, будучи окружены таким количеством вещей, что даже не помните, что у вас есть? Большинство людей отчаянно нуждаются в приведении своего дома в порядок. К сожалению, большинство из них не способны отнестись к этой задаче как к «особому событию», а вместо этого живут в комнатах, которые похожи скорее на складские помещения. Пока они безуспешно пытаются поддерживать порядок путем ежедневной уборки, могут пройти десятилетия.

Поверьте мне! Пока вы не осуществите единственное в своем роде в вашей жизни событие по приведению дома в порядок, любая попытка ежедневно убирать будет обречена на провал. И наоборот, как только вы приведете свой дом в порядок, уборка сократится до очень простой задачи по убиранию вещей на те места, где им надлежит быть. В сущности, это становится бессознательной привычкой. Я использую термин «особенное событие», потому что крайне важно справиться с этой работой в течение короткого периода времени, пока вы полны энергии и воодушевлены тем, что делаете.

Вы можете бояться того, что когда это событие завершится, ваше пространство вернется к прежнему беспорядку. Вероятно, вы любите заниматься шопингом и воображаете, как ваши пожитки снова начинают накапливаться кучами. Я сознаю, что в это трудно поверить, если никогда не пробовали; но как только вы закончите эту грандиозную чистку, вы больше не будете сталкиваться ни с какими трудностями, убирая вещи на отведенные им места или решая, где хранить новые вещи. Как бы невероятно это ни звучало, вам нужно ощутить состояние идеального порядка лишь один раз — и вы будете способны поддерживать его. Все, что вам нужно, — это не пожалеть времени, усесться и рассмотреть каждый принадлежащий вам предмет, решить, хотите ли вы его выбросить или сохранить, а затем решить, куда убрать на хранение то, что вы сохраните.

Вы когда-нибудь говорили себе что-то в этом роде: «Уборка — это просто не мое» или «не стоит и пытаться: я родилась неряхой»? Многие люди годами пестуют такое негативное представление о себе, но оно исчезает в то же мгновение, когда они ощущают вокруг себя свое собственное, идеально чистое пространство.

Эта разительная перемена в восприятии самого себя, убеждение, что ты способен сделать что угодно, если задашься такой целью, трансформирует поведение и образ жизни. Именно поэтому мои ученики никогда ко мне не возвращаются. Стоит вам один раз ощутить могущественное воздействие идеально приведенного в порядок пространства — и вы тоже больше ни за что не вернетесь к захламленности. Да, я имею в виду именно вас!

На слух может казаться, что это трудно, но я даю вам честное слово, здесь нет ничего сложного. Занимаясь уборкой, вы имеете дело с предметами. Предметы легко выбрасывать и передвигать с места на место. Это способен сделать кто угодно. Ваша цель очевидна и отчетлива. В тот момент, когда вы разложили все по местам, вы пересекли финишную черту. В отличие от работы, научных изысканий или спорта, в уборке нет необходимости сравнивать свои достижения с чужими. Вы и есть тот самый стандарт. Более того, единственная вещь, которую каждый человек считает самой трудной, — продолжение поддержания порядка, оказывается совершенно лишней. Вам нужно решить, куда класть вещи, лишь однажды.

Я никогда не привожу в порядок свою комнату. Почему? Потому что она уже приведена в порядок. Единственная уборка, которую я провожу, случается раз или два в год, и каждый раз она занимает в общей сложности примерно один час. Дней, которые я тратила на уборку, не видя никаких долговечных результатов, было так много, что теперь это кажется мне почти невероятным. Теперь же, напротив, я чувствую себя счастливой и довольной. У меня есть время, чтобы ощущать блаженство в моем свободном пространстве, где даже сам воздух кажется свежим и чистым; у меня есть время, чтобы посидеть, попивая чай на травах, когда я размышляю о своем дне. Когда я оглядываюсь по сторонам, мой взгляд падает на купленную за границей картину, которая мне особенно нравится, и вазу со свежими цветами, стоящую в углу. Хотя пространство, в котором я живу, невелико, оно украшено лишь теми вещами, которые чем-то трогают мое сердце. Мой образ жизни доставляет мне радость.

Разве вам не хотелось бы так же жить?

Это будет просто — как только вы узнаете, как по-настоящему привести ваш дом в порядок.

вначале — избавьтесь
от ненужного

для начала избавьтесь от ненужного — одним махом

幸福

Вы думаете, что идеально все убрали, но проходит всего несколько дней — и вы замечаете, что ваша комната снова начинает захламляться. Время идет, вы приобретаете еще какие-то вещи — и не успеваете оглянуться, как ваше пространство вернулось к своему прежнему состоянию. Эффект обратного действия вызван неэффективными методами, из-за которых уборка останавливается на полпути. Как я уже упомянула, есть лишь один способ избежать этой негативной спирали — убрав эффективно все сразу и как можно быстрее, чтобы создать идеальную, свободную от хлама окружающую среду. Но каким образом это создает правильный мысленный настрой?

Полностью убирая свое пространство, вы трансформируете окружающие вас «декорации». Эта перемена настолько фундаментальная, что вам покажется, будто вы живете в совершенно ином мире. Она глубоко воздействует на ваш разум и вызывает **стойкое отвращение к прежнему захламленному состоянию, к которому вы больше не желаете возвращаться.** Главное — сделать эту внешнюю перемену настолько внезапной, чтобы вы испытали полную душевную перемену. Такого воздействия никак невозможно достичь, если процесс будет постепенным.

Чтобы добиться такой внезапной перемены, вам необходимо применить наиболее эффективный метод уборки. В противном случае не успеете вы оглянуться, как день пройдет, а вы ничуть не продвинетесь вперед. Чем больше времени занимает уборка, чем больше вы устанете, тем больше вероятность, что вы сдадитесь, сделав только половину работы. А когда вещи начнут снова накапливаться, вы окажетесь в той самой нисходящей спирали. Исходя из моего опыта, «быстро» означает примерно полгода. Может показаться, что это длительный период времени, но это всего лишь шесть месяцев из вашей жизни. Как только процесс будет завершен и вы

Секрет успеха — убрать все за один раз, настолько быстро и полностью, насколько возможно, а начать следует с избавления от ненужного.

почувствуете, каково это — жить в идеально убранном пространстве, вы навсегда освободитесь от ошибочного представления о том, что уборка — не ваша стезя.

Ради достижения наилучших результатов я прошу вас строго придерживаться следующего правила: убирайте в правильном порядке. Как мы уже убедились, процесс уборки подразумевает решение всего двух задач: выбрасывание ненужного и принятие решения о том, где хранить вещи. Да, задач только две, но выбрасывание должно стоять на первом месте. Позаботьтесь о том, чтобы полностью завершить первую задачу, прежде чем браться за следующую. Даже не думайте о том, чтобы убирать вещи, пока не закончите процесс избавления от ненужного. Неумение следовать этому порядку — единственная причина того, что людям никак не удается достигнуть постоянного прогресса. Посреди процесса избавления от мусора они начинают думать о том, куда складывать вещи. И как только возникает мысль: «Интересно, поместится ли это в тот ящик?..» — работа по избавлению от ненужного останавливается. Вы сможете подумать о том, куда убирать вещи, когда закончите избавляться от всего, что вам не нужно.

Подведем итог: секрет успеха — убрать все за один раз, настолько быстро и полностью, насколько возможно, и начать с избавления от ненужного.

вначале — избавьтесь от ненужного

прежде чем начать, воочию представьте себе конечную цель

К этому времени вы уже понимаете, почему очень важно выбросить ненужные вещи, прежде чем начать думать о том, где хранить нужные. Но начать выбрасывать ненужное, не обдумав все заранее, значило бы подготовить себя к неудаче еще до начала работы. Вместо этого начните определение своей цели. Должна существовать какая-то причина, по которой вы взяли в руки эту книгу. Что изначально мотивировало вас к уборке? Чего вы надеетесь добиться путем уборки?

Прежде чем начать выбрасывать вещи, не пожалейте времени на то, чтобы тщательно все продумать.

Это означает визуализацию идеального образа жизни, о котором вы мечтаете. Если вы пропустите этот этап, то не только задержите весь процесс, но и подвергнете себя гораздо более высокому риску обратного действия. Такие цели, как «я хочу жить без захламленности» или «я хочу научиться убирать вещи», являются слишком обобщенными. Вам нужно мыслить гораздо глубже. Мыслите в конкретных терминах, чтобы вы могли ярко представить себе, каково это будет — жить в незахламленном пространстве.

Одна моя клиентка (возраст — не старше 30 лет) определила свою мечту как «более женственный образ жизни». Она жила в захламленной комнатке «на семь циновок» — в Японии это означает комнату размером в семь татами, то есть площадью 3 х 4 метра — со встроенным шкафом-комодом и тремя стеллажами разных размеров. Это должно было обеспечить достаточное место для хранения, но, куда бы я ни повернулась, единственное, что бросалось мне в глаза, — это захламленность. Шкаф был настолько переполнен, что его дверцы не закрывались и вещи выглядывали из внутренних ящиков, как начинка из гамбургера. Карниз над эркерным окном был увешан таким количеством одежды, что в занавесках не было необходимости. Пол и кровать были покрыты корзинками и пакетами, заполненными журналами и газетами. Когда моя клиентка ложилась спать, она перемещала вещи со своей кровати на пол, а когда просыпалась, укладывала их обратно на кровать, чтобы освободить путь к двери и получить возможность пойти на работу. Ее образ жизни нельзя было назвать «женственным» даже при самых титанических усилиях воображения.

— Что вы имеете в виду под «женственным образом жизни»? — спросила я.

Она довольно долго думала, прежде чем наконец ответить:

вначале — избавьтесь от ненужного

— Ну, предположим, когда я прихожу домой с работы, пол не будет ничем завален... а моя комната будет такой же чистой, как в хорошем отеле, и взгляд ни за что не будет цепляться... У меня было бы розовое покрывало на кровати и белая лампа в античном стиле. Перед тем как ложиться спать, я принимала бы ванну, зажигала ароматические палочки и слушала классическую фортепианную или скрипичную музыку, занимаясь йогой и заваривая чай из трав. Я засыпала бы с ощущением неторопливого простора.

Ее описание было настолько же живым и ярким, как если бы она действительно жила в этой обстановке. Важно достигнуть именно такой степени детализации, зримо представляя себе свой идеальный стиль жизни, и описать его на бумаге. Если для вас это трудно, если вы не в состоянии мысленно нарисовать себе того рода жизнь, какой вы хотели бы жить, попробуйте поискать в интерьерных журналах фотографии, которые привлекут ваше внимание. Также может быть полезно посетить пару выставочных домов. Рассматривание ряда разнообразных помещений поможет примерно почувствовать, что вам нравится. Кстати говоря, клиентка, которую я описала выше, теперь действительно наслаждается ваннами, ароматерапией, классической музыкой и йогой. Она вынырнула из бездны беспорядка, чтобы найти для себя тот самый женственный стиль жизни, к которому стремилась.

Итак, теперь, когда вы представили себе стиль жизни, о котором мечтаете, настало время перейти к избавлению от ненужных вещей? Нет, пока еще — нет. Я понимаю ваше нетерпение, но для того, чтобы предотвратить эффект обратного действия, вам нужно двигаться вперед должным образом, шаг за шагом, осуществляя это единственное в жизни событие. Ваш следующий шаг — определить, почему вы хотите жить именно так. Просмотрите свои заметки о желанном для вас стиле жизни и снова призадумайтесь. Зачем вам ароматерапия перед сном? Почему вы хотите слушать классическую музыку, занимаясь йогой? Если ваши ответы будут такими: *«Потому что я хочу расслабиться перед сном»* и *«Я хочу заняться йогой, чтобы сбросить вес»*, — спросите себя, зачем вы хотите расслабиться и почему желаете сбросить вес. Возможно, ваши ответы будут такими: *«Я не хочу ощущать усталость, когда на следующий день пойду на работу»* и *«Я хочу сесть на диету, чтобы стать красивее»*. Еще раз задайте себе вопрос «почему?» для каждого из этих ответов. Повторяйте этот процесс от трех до пяти раз по каждой теме.

Продолжая исследовать причины, побуждающие вас считать идеальным именно такой образ жизни, вы придете к простому осознанию: весь смысл избавления от ненужных вещей и сохранения нужных заключается в том, чтобы быть счастливым. Возможно, это кажется очевидным,

вначале — избавьтесь от ненужного

но важно самостоятельно прочувствовать это осознание и дать ему запечатлеться в вашем сердце. Прежде чем начинать уборку, взгляните на образ жизни, к которому вы стремитесь, и спросите себя: «Зачем мне нужно провести уборку?» Когда найдете ответ, тогда и будете готовы переходить к следующему этапу — изучению того, чем вы владеете.

принцип отбора: вызывает ли это радость?

Какими стандартами вы пользуетесь, решая, что следует выбросить?

Когда речь идет о выбрасывании ненужных вещей, существует несколько распространенных шаблонов поведения. Один состоит в том, чтобы выбрасывать вещи, когда они перестают быть функциональными, например ломаются и не подлежат восстановлению, или когда приходит в негодность часть сложного предмета или набора. Другой подход — выбрасывать вещи устаревшие, например одежду, которая вышла из моды, или вещи, связанные с давно прошедшим событием. Легко избавляться от вещей, когда существует очевидная причина для того, чтобы это сделать. Гораздо труднее, когда никакой явной побудительной причины нет. Разнообразные эксперты предлагают разные критерии для выбрасывания вещей, с которыми людям трудно расстаться. В набор таких критериев входят правила вроде «выбрасывайте все, чем вы не пользовались на протяжении года» и «если не можете принять решение, уберите эти вещи в коробку и взгляните на них снова спустя полгода». Однако в тот момент, когда вы начинаете фокусироваться на том, *как* выбирать, что выбросить, в действительности вы значительно отклоняетесь от курса. Продолжать уборку в этом состоянии — дело крайне рискованное.

В какой-то момент своей жизни я практически превратилась в живую «установку для утилизации отходов». Открыв для себя в 15 лет книгу «Искусство избавления от ненужных вещей», я целиком сосредоточилась на избавлении от вещей, и мои исследовательские усилия удвоились. Я всегда искала новые места для практики, будь то комнаты моих брата и сестры или шкафчики в школе. Моя голова была битком набита советами по уборке, и я питала полную — хоть и ошибочную — уверенность, что способна убрать любое помещение.

Моей конкретной целью в то время было избавляться от как можно большего числа вещей. Я применяла каждый критерий, предлагавшийся в разнообразных книгах по сокращению количества вещей, которые попадали ко мне в руки. Я пыталась избавиться от одежды, которую не носила в течение двух лет, выбрасывать одну

вначале — избавьтесь от ненужного

из старых вещей всякий раз, как покупала что-нибудь новое, и выбрасывать все, в нужности чего я не была уверена. За один месяц я избавилась от 30 мешков мусора. Но, сколько бы я ни выбрасывала, ни одна комната в моем доме не стала от этого казаться более опрятной.

Более того, я обнаружила, что отправляюсь в походы по магазинам просто для того, чтобы сбросить стресс, и самым жалким образом саботирую все свои попытки уменьшить общее количество вещей. Дома я была в непрерывном напряжении, постоянно искала лишние вещи, которые можно было бы выбросить. Найдя что-то, что давно не использовалось, я мстительно набрасывалась на эту вещь и выбрасывала ее в мусорное ведро. Неудивительно, что я становилась все более раздражительной и напряженной и не могла расслабиться даже в собственном доме.

Однажды, придя домой из школы, я открыла дверь в свою комнату, чтобы, как обычно, начать ее убирать. При виде этого неряшливого пространства у меня наконец лопнуло терпение. «Я больше не хочу убирать!» — воскликнула я. Усевшись на пол посередине комнаты, я принялась думать. Я потратила три года, убирая и выбрасывая вещи, однако моя комната по-прежнему казалась захламленной. *Пожалуйста, кто-нибудь, скажите мне, почему в моей комнате до сих пор беспорядок, хотя я вкладываю в уборку такую прорву усилий!* Хоть я и не произнесла эти слова вслух, в душе я почти кричала. И в этот момент я услышала голос.

«Посмотри внимательнее на то, что здесь есть».

Что ты имеешь в виду? Я смотрю на то, что здесь есть, каждый день – настолько внимательно, что могла бы взглядом просверлить несколько дыр. С этой мыслью в голове я крепко уснула. Будь я немного умнее, я еще до того, как стала такой невротичкой, сообразила бы, что сосредоточенность исключительно на выбрасывании вещей может привести лишь к унынию. Почему? Потому что нам следует выбирать, что мы хотим *сохранить*, а не то, от чего мы хотим *избавиться*.

Проснувшись, я сразу же поняла, что означал тот голос в моей голове. *Посмотри внимательнее на то, что здесь есть.* Я настолько сосредоточилась на том, что надлежало выбросить, на атаках на нежелательные предметы, окружавшие меня, что совершенно позабыла, что нужно ценить вещи, которые я люблю, те вещи, которые я хочу сохранить. Благодаря этому опыту я пришла к выводу, что наилучший способ выбирать, что сохранить, а что выбросить, — брать каждый предмет в руки и спрашивать: «Вызывает ли это радость?» Если вызывает — сохрани его. Если нет — выброси. Это не только самое простое, но и самое точное мерило для суждения.

Наилучший способ
решить, что сохранить,
а что выбросить, —
взять каждый предмет
в руки и спросить себя:
«Вызывает ли это
радость?»

Возможно, вы сомневаетесь в эффективности такого туманного критерия, но весь фокус в том, чтобы подержать в руках каждый предмет. Нужно не просто открыть платяной шкаф и, бросив на него взгляд «по диагонали», решить, что все, имеющееся в нем, приводит вас в восторг. Вы должны брать в руки каждую тряпочку. Когда прикасаешься к предмету одежды, тело на него реагирует. Его реакции на каждый предмет отличаются друг от друга. Поверьте мне и попробуйте сделать это.

Я выбрала этот алгоритм не без причины. В чем вообще состоит смысл уборки? Если не в том, чтобы наше пространство и содержащиеся в нем вещи дарили нам счастье, тогда, думается мне, в ней вообще нет никакого смысла. Следовательно, наилучший критерий для выбора, что сохранить, а что выбросить, — это дать ответ на вопрос, сделает ли сохранение данного предмета тебя счастливым, подарит ли он тебе радость.

Счастливы ли вы, нося одежду, которая не доставляет вам удовольствия?

Ощущаете ли вы радость, будучи окружены грудами непрочитанных книг, которые не трогают ваше сердце?

Считаете ли вы, что владение аксессуарами, которыми вы никогда не будете пользоваться, принесет вам счастье?

вначале — избавьтесь от ненужного

Ответ на эти вопросы должен быть отрицательным.

А теперь представьте себе, что живете в пространстве, в котором содержатся лишь те вещи, которые высекают из вашей души искры радости. Разве это не тот стиль жизни, о котором вы мечтаете?

Сохраните лишь те вещи, которые вызывают отклик в вашем сердце. А потом совершите решительный прыжок — и выбросите все остальное. Сделав это, вы сможете «перезагрузить» свою жизнь и избрать для себя новый стиль бытия.

одна категория за один раз

Решение о том, что следует сохранить, принятое на основе того, что вызывает радость в вашем сердце, — наиболее важный этап в уборке. Но какие конкретные шаги необходимы, чтобы эффективно избавиться от излишков?

Позвольте я начну с того, что расскажу вам, чего *не надо* делать. Не начинайте процесс отбора и выбрасывания, исходя из места расположения вещей. Не думайте: «Сначала уберу спальню, а потом перейду в гостиную» или «Пройдусь по ящикам своего письменного стола, начиная сверху и двигаясь вниз». **Такой подход — фатальная ошибка.** Почему? Потому что, как мы уже выяснили, большинство людей не дают себе труда хранить однотипные предметы в одном месте.

В большинстве домохозяйств предметы, которые подпадают под одну категорию, хранятся в двух или более местах, разбросанных по всему дому. Скажем, к примеру, вы начинаете с платяного шкафа в спальне или комода. После того как вы закончите сортировать и выбрасывать то, что хранится в нем, вы непременно наткнетесь на одежду, которую держали в другом шкафу, или на одежду, наброшенную на кресло в гостиной. После этого вам придется повторить весь процесс отбора и складывания на хранение; при таких условиях вы будете зря терять время и силы и попросту не сможете провести точную оценку того, что хотите сохранить, а что выбросить. Повторение и попусту затраченные усилия могут убить мотивацию, а следовательно, этого нужно избегать.

По этой причине я рекомендую вам всегда мыслить в терминах категории, а не места. Прежде чем решать, что сохранить, одновременно соберите все вещи, которые подпадают под одну категорию. Возьмите каждый из этих предметов и разложите их все в одном месте. Чтобы наглядно продемонстрировать весь процесс, давайте вернемся к примеру с одеждой, приведенному выше. Вы начинаете с решения

вначале — избавьтесь от ненужного

о том, что хотите упорядочить и убрать свою одежду. Следующий шаг — обыскать каждое помещение в доме. Принесите все предметы одежды, какие найдете, в одно место, и сложите их вместе. Затем берите в руки каждый предмет одежды и задавайтесь вопросом, вызывает ли он у вас радость. Эти — и только эти — вещи следует сохранить. Следуйте той же процедуре для каждой категории вещей. Если у вас слишком много одежды, вы можете создать подкатегории — к примеру, топы, брюки и юбки, носки и т. д. — и рассмотреть вещи по категориям.

Собрать все предметы одной категории в одном месте крайне важно, поскольку это дает вам точное представление о том, сколько всего вещей у вас есть. Большинство людей испытывают шок уже при виде самого объема груды вещей, который нередко по меньшей мере вдвое превышает то количество, которое они себе представляли. Кроме того, собирая вещи в одном месте, вы можете сравнить предметы, похожие по дизайну, в результате вам становится легче решить, хотите ли вы их сохранить. Есть и еще одна веская причина для того, чтобы вытащить все предметы одной категории из ящиков, шкафов и комодов и разложить их вместе. Вещи, хранящиеся не на виду, — это спящие вещи. Из-за этого гораздо труднее решить, вызывают они у вас радость или нет. Выставив их на свет дня и, так сказать, оживив, вы обнаружите, что вам стало на удивление легко определить, трогают ли они ваше сердце.

Разбираясь всего с одной категорией в пределах одного промежутка времени, вы ускоряете процесс уборки. Так что постарайтесь действительно собрать все до единого предметы в той категории, над которой работаете. Пусть ничто не ускользнет незамеченным.

начинайте правильно

Вы начинаете свой день, горя пламенным желанием навести порядок, но не успеете вы оглянуться, как солнце уже садится, а вы только-только успели подступиться к своим вещам. С дрожью взглянув на часы, вы чувствуете, что начинаете тонуть в угрызениях совести и отчаянии. А что это такое вы сейчас держите в руках? Чаще всего это оказывается один из любимых комиксов, фотоальбом или еще какой-нибудь предмет, который пробуждает приятные воспоминания.

Мой совет начинать уборку не по комнатам, а по категориям, собирая все предметы в одном месте и одновременно, — не означает, что можно начинать с любой категории по вашему выбору. Степень трудности при выборе, что сохранить, а от чего избавиться, бывает очень разной в зависимости от самой категории. Люди, которые застревают на полпути, обычно делают это потому, что начинают с вещей, относительно которых труднее всего принимать решения. Вещи, которые вызывают воспоминания, например фотографии, — не лучший старт для новичков в уборке. И дело не только в том, что сам по себе объем предметов в этой категории обычно бывает бо́льшим, чем в любой другой; нам гораздо труднее принять решение о том, стоит ли их сохранять.

Вдобавок к физической ценности вещей есть еще три фактора, которые прибавляют дополнительную ценность вашим вещам: функциональность, информация и эмоциональная привязанность. А когда ко всему этому добавляется элемент редкости или уникальности, трудность выбора многократно возрастает. Людям трудно выбрасывать вещи, которыми они еще могут пользоваться (функциональная ценность), которые содержат полезную информацию (информационная ценность) и с которыми связаны сентиментальные узы (эмоциональная ценность). Когда такие вещи трудно приобрести или заменить (фактор редкости), их становится еще труднее выбросить.

Процесс определения, что следует сохранить, а от чего избавиться, пойдет гораздо более гладко, если вы начнете с предметов, относительно которых легче принять решение. Постепенно прорабатывая более сложные категории, вы будете оттачивать свои навыки принятия решений. С одеждой легче всего, потому что в этой категории фактор редкости крайне незначителен. Фотографии и письма, напротив, не только имеют высокую сентиментальную ценность, но и являются единственными в своем роде, следовательно, их следует оставить «на десерт». В особенности сказанное относится к фотографиям, поскольку они обычно неожиданно и случайно попадаются под руки, когда мы разбираем другие категории вещей, к тому же оказываясь в самых неожиданных местах, например между страницами книг и среди документов. Наилучшая последовательность действий такова: вначале одежда, затем книги, документы, категория «разное» (*комоно*) и, наконец, «сентиментальные» предметы и памятные подарки.

Этот порядок также зарекомендовал себя как наиболее эффективный с точки зрения уровней трудности при решении последующей задачи — хранения. Наконец, если мы придерживаемся этой последовательности, это обостряет наше интуитивное ощущение того, какие именно предметы вызывают у нас радость. Если вы можете существенно ускорить процесс принятия решений, просто изменив порядок выбрасывания вещей, то неужели не стоит хотя бы попробовать?

Прежде, чем начинать уборку, четко представьте себе, к какому образу жизни вы стремитесь.

не позволяйте родным подглядывать

Марафон уборки выдает на-гора кучу мусора. На этой стадии единственная катастрофа, которая может создать еще больший хаос, чем землетрясение, — это приход эксперта по переработке вторсырья, который также известен в народе под псевдонимом «мама».

Одна из моих клиенток, которую я буду называть М., жила вместе со своими родителями и сестрой. Они переехали в свой нынешний дом 15 лет назад, когда М. еще училась в начальной школе. Она не только обожала покупать себе новую одежду, но и сохраняла те вещи, которые имели для нее сентиментальную ценность, например школьную форму и футболки, сшитые для разнообразных мероприятий. М. хранила их в ящиках, которые расставляла по полу до тех пор, пока половицы совершенно не скрылись из виду. Для того чтобы рассортировать и убрать все эти вещи, потребовалось пять часов. К концу дня у нее было заполнено 15 мешков выброшенных вещей, в том числе 8 мешков с одеждой, 200 книг, множество мягких игрушек и поделок, которые она делала в школе. Мы аккуратно сложили все эти мешки возле двери на полу (который теперь наконец-то стал виден), и я как раз собиралась объяснить М. один очень важный момент.

вначале — избавьтесь от ненужного

— Есть один секрет избавления от всего этого мусора, который вам следует знать... — начала было я, и тут дверь распахнулась и в комнату вошла мать клиентки, у которой в руках был поднос с холодным чаем. *«О нет!»* — мысленно простонала я.

Женщина пристроила поднос на столик.

— Большое вам спасибо за то, что вы помогаете моей дочери, — проговорила она и развернулась, чтобы уйти. И в этот момент ее взгляд упал на груду вещей у двери. — Ой, неужели ты собираешься это выбросить? — спросила она, указывая на розовый коврик для йоги, лежавший поверх кучи мешков.

— Я не пользовалась им два года.

— Правда? Ну, может быть, тогда я им буду пользоваться. — И она начала рыться в мешках. — Ого, а может быть, и этим тоже...

Когда женщина наконец вышла за дверь, она уносила с собой не только коврик для йоги, но и три юбки, две блузки, два пиджака и некоторое количество канцелярских принадлежностей.

Когда в комнате вновь стало тихо, я сделала глоток холодного чаю и спросила М.:

— А как часто ваша мать занимается йогой?

— Я никогда не видела, чтобы она ею занималась.

Перед тем как в комнату М. вошла ее мать, я собиралась сказать вот что: «Не позволяйте членам вашей семьи видеть, что здесь происходит. Если это возможно, вынесите мешки с мусором самостоятельно. Нет необходимости давать вашим родным знать, что именно вы собираетесь выбрасывать».

Я особенно рекомендую своим клиентам не показывать выбрасываемые вещи родителям и членам семьи. Дело не в том, что здесь есть чего стыдиться. В уборке нет ничего плохого. Однако зрелище того, что выбрасывают их дети, — это сильнейший стресс для родителей. Сам объем мусорной кучи может вызвать у родителей тревогу, заставляя задуматься, смогут ли дети прожить с тем, что у них осталось. К тому же, несмотря на то, что им следовало бы радоваться независимости и зрелости своего ребенка, родителям может быть очень больно видеть одежду, игрушки и сувениры из прошлого в мусорной куче, в особенности если эти вещи они сами дарили своему ребенку. Утаить этот мусор от их глаз — значит проявить тактичность. Кроме того, так вы защищаете своих родных от приобретения бо́льшего количества вещей, чем им нужно (и чем может доставить им радость). Вплоть до этого момента ваша семья была довольна тем, что у нее было. Когда родственники видят, что́ вы решили выбросить, у них может возникнуть чувство вины из-за такого откровенного расточительства, но те предметы, которые они «спасут» из вашей мусорной кучи, лишь увеличат бремя ненужных вещей в вашем доме. И нам должно быть стыдно заставлять их нести это бремя.

В подавляющем большинстве случаев именно матери «спасают» вещи, выброшенные дочерями, однако они редко носят одежду, которую забирают. Мои клиентки-женщины, которым по пятьдесят-шестьдесят лет, в конце концов неизменно выбрасывают отданные им дочерями вещи, даже ни разу не надев их. Я думаю, нам следует избегать создания подобных ситуаций, когда привязанность матери к дочери становится бременем. Конечно, в этом нет ничего плохого, если другие члены семьи действительно пользуются вещами, которые вам не нужны. Если вы живете вместе со своей семьей, вы можете спросить родных: «Есть ли какие-нибудь нужные вам вещи, которые вы планировали покупать?» — прежде чем начать уборку, а затем, если вам случится найти именно то, что нужно, подарите им эту вещь.

сосредоточьтесь на своей комнате

«Даже если я убираю, остальные члены моей семьи снова устраивают беспорядок».

«Мой муж – типичный скопидом. Как мне убедить его выбрасывать ненужные вещи?»

Если ваши родные не сотрудничают с вами в попытках создать «идеальный» дом, это может вызвать сильное раздражение. Я сама неоднократно сталкивалась с этой проблемой в прошлом. Одно время я была настолько поглощена уборкой, что убирать свою собственную комнату мне было мало. Я просто не могла не заняться комнатами моего брата и сестры и всеми остальными помещениями в доме. И моя неряшливая семья меня постоянно расстраивала. Главной причиной уныния служил общий шкаф-комод, стоявший посередине квартиры. Мне казалось, что по меньшей мере половина его содержимого — неиспользуемый и ненужный хлам. Вешалки для одежды были забиты нарядами, которые я никогда не видела на своей матери, и отцовскими костюмами, которые откровенно устарели. Коробки с комиксами, принадлежавшими моему брату, загромождали весь пол.

Я дожидалась удобного момента и подступала к владельцу вещей с вопросом: «Тебе ведь это больше не нужно, верно?» Но всегда слышала в ответ: «Нет, нужно!» или «Я сам потом это выброшу», — но этого никогда не случалось. Всякий раз, заглядывая в этот шкаф, я вздыхала и сетовала: «Почему все только и делают, что накапливают вещи? Разве они не видят, сколько сил я трачу, чтобы поддерживать в доме порядок?»

вначале — избавьтесь от ненужного

Прекрасно сознавая, что являюсь «белой вороной» в том, что касается уборки, я не собиралась сдаваться. Когда моя фрустрация достигла предела, я решила применить тактику воровства. Я выявляла предметы, которые не использовались уже много лет, судя по их дизайну, количеству пыли, накопившемуся на них, и запаху. Я перемещала эти предметы в самую дальнюю часть шкафа и смотрела, что будет дальше. Если никто не замечал их исчезновения, я избавлялась от них — по одной вещи за раз — точно так же, как прореживают растения на грядках. После трех месяцев применения этой стратегии я ухитрилась избавиться от 10 мешков мусора.

В большинстве случаев никто ничего не замечал, и жизнь продолжалась как обычно. Но когда объем выброшенного достиг определенной точки, мои родные начали замечать, что не хватает то одной вещи, то другой. Когда они указывали на меня пальцем, я ничуть не смущалась. Моей главной тактикой было разыгрывать полную невинность.

— Эй, ты не знаешь, куда подевалась моя куртка?

— Не-а.

Если они принимались на меня давить, следующим шагом было отрицание.

— Мари, ты *уверена*, что ты ее не выбросила?

— Да, уверена.

— Ага... что ж, интересно, куда бы она могла подеваться...

Если на этом этапе они сдавались, я приходила к выводу, что данный предмет, чем бы он ни был, не стоило хранить. Но даже если они не давали себя одурачить, я все равно не сдавалась.

— Я *знаю*, что она была здесь, Мари! Я всего два месяца назад видела ее собственными глазами.

Вместо того чтобы извиняться за то, что выбросила вещь без разрешения, я выдавала в ответ гневную отповедь:

— Я выбросила ее за тебя, потому что ты была не способна сделать это самостоятельно!

Оглядываясь назад, я должна признаться в своем крайнем высокомерии. Когда мои проделки выплыли на свет, на меня вылился целый ушат упреков и протестов, а в конечном счете мне было запрещено убирать где бы то ни было, кроме моей собственной комнаты. Если бы это было возможно, я бы вернулась назад в прошлое и отвесила бы себе добрую оплеуху, позаботившись о том, чтобы мне в голову никогда не пришла мысль развязать такую смехотворную кампанию. Выбрасывание вещей, принадлежащих другим людям, без их разрешения — это демонстрация прискорбного отсутствия здравого смысла. Хотя моя тактика воровства, как правило, давала положительные результаты и выброшенных вещей никто не замечал, риск лишиться семейного доверия, если тебя поймают, слишком велик. Кроме того, это просто неправильно. Если вы действительно хотите, чтобы ваша семья стала опрятнее, есть гораздо более простой способ сделать это.

После того как мне запретили убирать комнаты других членов семьи и мне попросту некуда было деваться, кроме собственной комнаты, я как следует осмотрелась в ней — и была поражена удивительным фактом. Там оказалось гораздо больше предметов, которые было необходимо выбросить, чем я прежде замечала, — рубашка в моем платяном шкафу, которая мне больше не нравилась, вместе с вышедшей из моды юбкой, которую я больше не стану надевать; книги на моих полках, которые мне точно не были нужны... Я потрясенно осознала, что повинна именно в том преступлении, в котором так рьяно обвиняла собственную семью. Поняв, что не в моем положении критиковать других, я уселась на пол с мусорными мешками и сосредоточилась на уборке собственного пространства.

Спустя примерно две недели в моей семье начали происходить изменения. Мой брат, который, как бы я ни упрашивала его, как ни ныла, отказывался выбросить хоть что-нибудь, начал тщательную сортировку собственных пожитков. За один-единственный день он избавился от более чем 200 книг. Потом родители и сестра начали понемногу разбирать и выбрасывать свою одежду и аксессуары. В конце концов вся моя семья научилась поддерживать дом в гораздо более прибранном состоянии, чем прежде.

Спокойно работать над избавлением от собственных излишков — это на самом-то деле наилучший способ ведения дел с семьей, не приученной к порядку. Словно идя в кильватер за вами, родственники начнут «пропалывать» ненужные вещи и убирать свои комнаты, и вам даже не придется вымолвить ни единого слова жалобы. Пусть это кажется невероятным, но когда кто-то начинает убирать, запускается цепная реакция.

Тихая самостоятельная уборка порождает еще одну интересную перемену — способность мириться с определенным уровнем неряшливости членов семьи. Как только состояние моей собственной комнаты стало меня удовлетворять, мне перестало хотеться немедленно избавиться от вещей, принадлежавших моим брату, сестре и родителям. Когда я замечала, что наши общие пространства, такие как гостиная или ванная, пришли в беспорядок, я просто убирала их, не задумываясь и не давая себе труда упомянуть об этом. Я заметила, что такая же перемена происходит и в семьях многих моих клиентов.

Если вы поймаете себя на том, что неряшливость вашего семейства вызывает у вас раздражение, настоятельно советую вам проверить

вначале — избавьтесь от ненужного

ваше собственное пространство, особенно места хранения. Вы непременно найдете там вещи, которые необходимо выбросить. Побуждение ставить другим на вид, неумение содержать дом в порядке обычно являются признаками того, что вы пренебрегаете заботой о собственном пространстве. Именно поэтому следует начинать с избавления от ваших собственных ненужных вещей. Общую территорию можно оставить на потом. Первый шаг — разобраться с собственными вещами.

что не нужно вам, не нужно и вашим родным

Моя сестра на три года младше меня. Тихая, немного застенчивая, она предпочитает активному досугу и общению сидеть дома и рисовать или читать. Несомненно, она больше всех страдала от моих изысканий в области уборки, вечно оказываясь их доверчивой жертвой. Ко времени поступления в университет я уже сосредоточилась на «избавлении от ненужного», но всегда находились вещи, которые мне было трудно выбросить, — например, футболка, которая мне ужасно нравилась, но почему-то как-то не так на мне сидела. Будучи не в силах заставить себя расстаться с ней, я не раз примеряла ее, стоя перед зеркалом, но под конец вынужденно пришла к выводу, что она мне просто не идет. А уж если речь шла о вещи совершенно новой или такой, которая была подарена мне родителями, одна мысль о том, что ее придется выбросить, вызывала во мне неодолимое чувство вины.

В такие моменты наличие под рукой сестры было крайне полезно. Метод «подарить сестренке» казался идеальным способом избавления от подобных предметов. И в данном случае «подарить» не значило завернуть в подарочную упаковку и т. д. — вовсе нет! Взяв в руку нежеланную одежду, я врывалась в комнату к сестре, где она валялась на кровати с книжкой, довольная собой и миром. Отобрав у нее книгу, я говорила: «Хочешь эту футболочку? Если она тебе нравится — забирай». Увидев на лице сестры озадаченное выражение, я наносила последний удар: «Она совершенно новенькая и такая хорошенькая!.. Но если она тебе не нужна, мне придется ее выбросить. Что скажешь?»

Моей бедной благовоспитанной сестренке ничего не оставалось, кроме как ответить: «Пожалуй, я ее заберу».

Это случалось настолько часто, что у моей сестры, которая почти не ходила по магазинам, платяной шкаф был забит до переполнения. Хотя она действительно носила некоторые вещи из тех, что я ей отдавала, было и множество других, которые она надевала лишь однажды, а то и вовсе ни разу. Однако я продолжала подбрасывать ей «подарочки». В конце концов, все это была хорошая одежда, и мне казалось, что она будет только рада иметь побольше вещей. До меня дошло, насколько я была не права, лишь после того, как я открыла свой консультативный бизнес и познакомилась с клиенткой, которую буду называть К.

К. была молодой женщиной не старше 30 лет, она работала в косметической компании и жила вместе с родителями. Когда мы разбирали ее вещи, я начала замечать нечто странное в ее системе отбора. Несмотря на то что у нее было достаточно одежды, чтобы заполнить среднего размера платяной шкаф, число вещей, которое она решила сохранить, казалось неестественно маленьким. Ее ответ на вопрос «Вызывает ли эта вещь радость?» неизменно был отрицательным. Поблагодарив каждую вещь за хорошо выполненную ею работу, я передавала ее К. — «на выброс». Я не могла не обратить внимания на выражение облегчения, которое появлялось на ее лице всякий раз, когда она клала в мусорный пакет какую-нибудь одежду. Изучая коллекцию ее одежды более пристально, я увидела, что вещи, которые она предпочитала сохранять, оказывались в основном повседневными, например футболками, а выбрасывала она вещи совершенно иного стиля — облегающие юбки и открытые топы. Когда я спросила ее об этом, она ответила: «Эти вещи дарила мне старшая сестра». Когда вся одежда была рассортирована и К. сделала свой окончательный выбор, она пробормотала: «Ну надо же! Я была окружена кучей всей этой одежды, а ведь она мне даже не нравится!» Вещи, отданные ей сестрой, составляли более трети ее гардероба, но вряд ли хоть какая-то из них вызывала у К. то самое чувство трепета и восторга. Хотя она носила их — все-таки это были подарки сестры, — они ей никогда не нравились.

По-моему, это очень печально. И этот случай нельзя назвать из ряда вон выходящим. В своей работе я обратила внимание на то, что количество вещей, выбрасываемых младшими сестрами, всегда больше, чем количество вещей, выбрасываемых старшими, — феномен, определенно связанный с тем фактом, что младшие дети нередко привыкают донашивать обноски старших.

Существует две причины, по которым младшие сестры склонны накапливать одежду, которая им на самом-то деле не очень-то нравится. Одна из этих причин состоит в том, что трудно выбросить вещь, полученную в подарок от члена семьи. Другая — они и сами не очень-то представляют, что́ им нравится, и из-за этого им трудно решить, следует ли избавиться от этой вещи. Поскольку они получают такое большое количество одежды от других, у них

вначале — избавьтесь от ненужного

нет реальной необходимости ходить по магазинам, а следовательно, меньше возможностей развивать интуитивное понимание того, что действительно доставляет им радость.

Не поймите меня неправильно. Раздача вещей, которыми вы не можете пользоваться, другим людям, которые могут найти им применение, — это превосходная идея. Это не просто экономное решение: оно может быть источником великой радости, когда видишь, что человек, который вам близок, получает от этих вещей удовольствие и ценит их. Но это не то же самое, что навязывать ненужные вещи членам своей семьи потому только, что вы не можете заставить себя выбросить их. Будь ваша «жертва» сестрой, братом, родителем или ребенком, от этой привычки следует избавляться. Хотя моя сестра никогда не жаловалась, я уверена, что у нее, должно быть, возникали смешанные чувства, когда она принимала от меня такие вещи. В сущности, я просто передавала ей свое чувство вины из-за того, что я была не способна сама с ними расстаться. Теперь, оглядываясь назад, мне за это стыдно.

Если хотите отдать какую-то вещь, не заставляйте человека принимать ее безусловно и не давите на него, манипулируя чувством вины. Выясните заранее, что ему нравится, и когда найдете что-то такое, что подходит под его критерии, тогда — и только тогда — следует показать ему эту вещь. Вы также можете предложить эту вещь в дар при условии, что человек был бы готов за нее заплатить. Мы должны быть тактичными по отношению к другим, помогая им избегать бремени обладания бо́льшим количеством вещей, чем необходимо и способно доставить радость.

уборка — это диалог с самим собой

«Мари, не хотите ли поехать постоять под водопадом?»

Я получила это предложение от одной клиентки, очаровательной женщины, которая в свои семьдесят четыре года по-прежнему оставалась активным бизнес-менеджером, заядлой лыжницей и любительницей пеших походов. Она практиковала медитацию под бегущей водой уже больше десятилетия и, похоже, получала от нее искреннее наслаждение. Она так небрежно бросала фразу «уезжаю к водопаду», будто собиралась пойти в спа. Сами понимаете, то место, куда она повезла меня, оказалось отнюдь не «учебным» водопадом для новичков. Выйдя из гостиницы, в которой мы остановились, в шесть утра, мы принялись карабкаться по горной тропе, перелезать через изгороди и форсировать вброд речку, где пенящаяся вода клокотала у наших колен, пока наконец не достигли водопада, у которого не было ни единой живой души.

Расставшись
с ненужными вещами,
вы сможете
по-настоящему
привести в порядок то,
чем владеете,
да и саму свою жизнь
в целом.

Но я заговорила об этом не потому, что хочу познакомить вас со столь необычной формой отдыха. Дело в том, что благодаря этому опыту я обнаружила значительное сходство между медитацией под водопадом и уборкой. Когда встаешь под водопад, единственный слышимый звук — это рев воды. Когда каскад воды обрушивается на тело, ощущение боли вскоре исчезает и распространяется онемение. Потом, когда входишь в медитативный транс, ощущение тепла согревает тебя изнутри. Хотя я никогда прежде не пробовала эту форму медитации, ощущение, которое она порождает, показалось мне необыкновенно знакомым. Оно явственно напомнило мне то, что я ощущаю в процессе уборки.

Хотя уборку нельзя с полной уверенностью назвать медитативным состоянием, бывают моменты, когда я, занимаясь ею, могу войти в спокойное единение с самой собой. Когда я тщательно рассматриваю каждый принадлежащий мне предмет, чтобы выяснить, пробуждает ли он во мне радость, это напоминает разговор с самой собой, а вещи играют роль посредника в этом разговоре.

По этой причине важно создать спокойное пространство, в котором можно оценивать вещи, присутствующие в вашей жизни. В идеале не следует даже слушать музыку. Мне не раз приходилось слышать рекомендации проводить уборку под ритм какой-нибудь зажигательной мелодии, но лично я этого не одобряю. Мне кажется, что любой шум затрудняет вслушивание во внутренний диалог между владельцем и тем, чем он владеет. И уж конечно, не может быть и речи о включенном телевизоре. Если для того, чтобы расслабиться, вам нужен какой-то фоновый шум, тогда выберите спокойную музыку без слов или четко определенной мелодии. Если хотите придать дополнительный импульс своей работе во время уборки, подключитесь к энергии атмосферы в вашей комнате, вместо того чтобы полагаться на музыку.

Лучший момент для начала — ранее утро. Свежий утренний воздух проясняет разум и оттачивает способность к суждению. По этой причине большинство моих уроков начинаются по утрам. Самый ранний урок, который я когда-либо проводила, начался в 6:30, и нам удалось убраться в два раза быстрее, чем обычно. То ощущение ясности и свежести, которое получаешь, постояв под водопадом, может вызывать привыкание. То же и с уборкой: закончив приводить свое пространство в порядок, вы можете ощутить нестерпимое желание проделать это снова. И, в отличие от медитации под водопадом, вам вовсе не нужно прошагать несколько километров по пересеченной местности, чтобы повторить опыт. Вы можете наслаждаться тем же эффектом в собственном доме. В этом есть нечто необыкновенное, не правда ли?

что делать, если у вас не поднимается рука что-либо выбросить

Моим критерием для принятия решения о том, сохранить предмет или выбросить его, является радостное возбуждение, возникающее в тот момент, когда я к нему прикасаюсь. Людям свойственно сопротивляться необходимости выбросить что-то даже тогда, когда мы знаем, что это нужно сделать. Предметы, которые мы не можем заставить себя выбросить, даже если они не вызывают радости, — это истинная проблема.

Человеческие суждения можно подразделить на два обширных типа: интуитивные и рациональные. Когда речь идет о выборе того, что нужно выбросить, причиной проблем является рациональное суждение. Хотя интуитивно мы знаем, что данный предмет нас никак не привлекает, наш разум выдвигает всевозможные аргументы в пользу того, что его не стоит выбрасывать, например «это может понадобиться мне позже» или «выбрасывать это — расточительство». Эти мысли нарезают круги в нашем разуме, делая невозможным расставание с данной вещью.

Я не утверждаю, что в колебаниях есть что-то плохое. Неспособность решиться говорит об определенной степени привязанности к конкретному предмету. Да и не все решения могут приниматься чисто интуитивно. Но именно поэтому нам необходимо рассмотреть каждый предмет с любовью и заботой, не отвлекаясь на мысли о своей расточительности.

Когда сталкиваетесь с чем-то таким, что трудно выбросить, тщательно обдумайте, почему вы вообще обладаете этим конкретным предметом. Когда вы им обзавелись и какое значение он тогда имел для вас? Заново оцените ту роль, которую он играет в вашей жизни. Если у вас есть какая-то одежда, которую вы купили, но ни разу не носили, изучайте эти предметы по одному. Где вы купили этот конкретный наряд и почему? Если вы купили его потому, что он замечательно смотрелся в магазине, значит, он выполнил свою функцию — подарил вам радость в момент покупки. Тогда почему вы его ни разу не надели? Может быть, потому, что осознали, что он вам не идет, когда примерили его дома? Если так — и если вы больше никогда не покупали вещей того же стиля или цвета, — значит, этот предмет выполнил другую важную функцию: он дал вам понять, что определенные вещи вам не идут. На самом деле этот конкретный предмет одежды уже сыграл свою роль в вашей жизни, и вы вольны сказать: *«Спасибо тебе за то, что ты принес мне радость, когда я тебя купила»*, или *«Спасибо за то, что показал мне, что мне идет, а что нет»* — и расстаться с ним.

Каждый предмет должен играть определенную роль. Не вся одежда приходит к вам для того, чтобы быть заношенной до дыр. То же самое и с людьми. Не каждый человек, которого вы встречаете в своей жизни, станет для вас лучшим другом или возлюбленным. С одними вы так и не сможете поладить, а других не сможете полюбить, но и эти люди преподают вам драгоценные уроки: благодаря им вы понимаете, кто вам *нравится*, кого вы *любите*, чтобы ценить этих особенных людей в своей жизни еще больше.

Когда натыкаетесь на предмет, который не можете выбросить, как следует задумайтесь о его истинном предназначении в вашей жизни. Вы удивитесь, узнав, как много вещей из тех, которыми вы владеете, уже исполнили свою роль. Признавая их вклад и отпуская их с благодарностью, вы сможете по-настоящему привести в порядок вещи, которыми владеете, да и саму свою жизнь в целом. В конечном счете все, что у вас останется, будет именно тем, чем вы по-настоящему дорожите.

Чтобы по-настоящему дорожить вещами, которые для вас важны, вы должны вначале избавиться от тех, которые уже пережили свое предназначение. Выбрасывать то, что вам больше не нужно, — это не расточительность и не постыдный поступок. Сможете ли вы со всей искренностью сказать, что дорожите предметом, который настолько глубоко запрятан в шкафу или ящике, что вы вообще забыли о его существовании? Если бы вещи способны были чувствовать, то такие вещи определенно были бы несчастливы. Освободите их из тюрьмы, в которую вы их посадили. Помогите им покинуть тот одинокий остров, на который вы их изгнали. Отпустите их — с благодарностью. Не только вы, но и ваши вещи будут чувствовать себя чистыми и помолодевшими, когда вы покончите с уборкой.

как проводить уборку
по категориям

придерживайтесь правильного порядка

清潔

Дверь открывается, щелкнув замком, и женщина смотрит на меня с некоторой тревогой: «З-здравствуйте...» Мои клиенты почти всегда пребывают в некотором напряжении, когда я в первый раз прихожу к ним домой. Поскольку мы уже не раз встречались, корень этой напряженности не в стеснительности, но скорее в потребности взять себя в руки перед серьезным испытанием.

«Как вы думаете, это действительно возможно – вычистить мой дом? Здесь даже ногу негде поставить!»

«Я не представляю, как можно полностью убрать за столь короткое время».

«Вы сказали, что ни у одного из ваших клиентов никогда не бывало эффекта обратного действия. Но что, если я буду первой?»

Их нервное возбуждение почти осязаемо, но я без тени сомнения знаю, что с каждым моим клиентом все будет в порядке. Даже те из них, кто ленив или неряшлив по натуре, даже те, у кого в роду было не одно поколение лентяев, даже люди чрезвычайно занятые — все они способны убрать свой дом как следует, если воспользуются методом КонМари.

Позвольте поделиться мне с вами одним секретом. Приводить свой дом в порядок — это весело! Это доставляет удовольствие. Оценивая, каково ваше действительное отношение к тем вещам, которые находятся в вашей собственности, выявляя те из них, которые уже исполнили свое предназначение, выражая благодарность и прощаясь с ними, вы в действительности изучаете свое внутреннее «я», совершаете ритуал перехода в новую жизнь. Мерило, с помощью которого вы выносите суждения, — это ваше интуитивное ощущение влечения, а следовательно, нет необходимости в сложных теориях или многочисленных данных. Все, что вам нужно делать, — это следовать правильному порядку. Так что вооружитесь большим количеством мусорных мешков и приготовьтесь развлекаться.

Как проводить уборку по категориям

Начните с одежды, затем переходите к книгам, документам, категории «разное» (комоно) и, наконец, вещам, имеющим сентиментальную ценность. Если вы будете уменьшать количество своей собственности именно в этом порядке, ваша работа будет продвигаться на удивление легко. Начиная с простого и оставляя трудное напоследок, вы сможете постепенно оттачивать навыки принятия решений, так что ближе к концу это покажется вам нетрудным делом.

В первой категории — одежда — я рекомендую подразделить предметы на несколько следующих подкатегорий, чтобы повысить эффективность:

- Топы (рубашки, свитеры, толстовки и т. д.)
- Нижние части одежды (брюки, юбки и т. д.)
- Одежда, которую нужно вешать на плечики (куртки, пиджаки, костюмы и т. д.)
- Носки
- Нижнее белье
- Сумочки и т. д.
- Дополнительные предметы (шарфы, пояса, шапки и т. д.)
- Специализированная одежда (купальные костюмы, форменная одежда и т. д.)
- Обувь

Да-да, я включаю обувь и сумки в категорию одежды.

Почему этот порядок является оптимальным? Я на самом деле и сама не очень понимаю почему, но, основываясь на опыте, который я приобрела, посвятив половину своей жизни уборке, могу вам сказать со всей определенностью: этот принцип работает! Поверьте мне. Если вы последуете этому порядку, вы сделаете всю работу и достигнете видимых результатов удивительно быстро. Более того, поскольку вы сохраните лишь те вещи, которые по-настоящему любите, возрастут ваша энергия и ощущение радости. Возможно, вы устанете физически, но избавляться от ненужных вещей настолько приятно, что вам будет просто трудно остановиться.

Однако есть важный момент — принятие решения о том, что следует сохранить. Какие вещи будут приносить вам радость, если вы сохраните их как часть своей жизни? Выбирайте так, как если бы вы определяли предметы, которые вам нравятся, глядя на них в витрине своего любимого магазина. Как только вы уловите основы метода, сложите все свои вещи в одну кучу, берите их в руки по одной и мысленно задавайте себе вопрос: «Вызывает ли эта вещь радость?» Вот и начался ваш праздник уборки.

как проводить уборку по категориям

одежда сложите вместе все предметы одежды, имеющиеся в доме

Первый шаг — заглянуть в каждый шкаф, комод и ящик в доме и собрать всю одежду в одном месте. Не пропустите ни единого шкафа или ящика. Убедитесь в том, что собрали всю одежду до последнего предмета. Когда моим клиентам кажется, что они покончили с этой задачей, я всегда задаю им следующий вопрос: «Вы *уверены*, что в доме больше не осталось ни единого предмета одежды? — а потом добавляю: — Можете забыть о любой одежде, которую найдете после этого. Она автоматически отправится в мусорный ящик». Я даю клиентам понять, что говорю совершенно серьезно. Я не намерена позволять им сохранить любую вещь, найденную после того, как покончено с сортировкой. Обычно я слышу в ответ следующее: «Ой, погодите-ка! Кажется, что-то еще может оказаться в шкафу моего мужа» или «Ах! Я могла повесить что-нибудь в коридоре», — вслед за этим следует последняя пробежка по дому, и еще несколько предметов добавляются в общую кучу.

Этот ультиматум немного напоминает автоматическую систему снятия средств при оплате счетов в банке, но когда мои клиенты знают, что существует твердый дедлайн, они еще один, последний, раз роются в памяти, потому что не хотят лишиться одежды, не имея шанса принять собственное решение. Хоть я и редко довожу свою угрозу до конца, но, если человек в этот момент не вспоминает о каком-то предмете одежды, очевидно, что предмет этот не приносит радости, и поэтому я веду себя достаточно безжалостно. Единственным исключением является одежда, которая оказалась в корзине для грязного белья.

Когда вся одежда собрана в одном месте, одна только куча топов бывает обычно высотой по колено. В термин «топы» я включаю одежду для любого сезона, от футболок и легких кофточек до вязаных свитеров. Среднее количество предметов в этой изначальной груде — около 160 единиц. Столкнувшись с этим первым препятствием в процессе уборки, большинство клиентов оказываются ошарашены уже самим объемом того, чем они владеют. В этот момент я обычно говорю: «Давайте начнем с вещей не по сезону». У меня есть веская причина выбирать несезонную одежду для первого шага в области уборки: в этой категории легче всего настроить свою интуицию на восприятие приятных ощущений.

Если начать с вещей, которые в настоящее время находятся в употреблении, клиенты с большей вероятностью склонны думать: «*Да, особой радости эта вещь не вызывает, но я же надевала ее только вчера*», или «*Что я буду делать, если мне*

«Хочу ли я снова увидеть эту вещь? Ну, даже не знаю...» Если ваши ощущения таковы — выбрасывайте смело.

нечего будет носить?» Это затрудняет принятие объективного решения. Поскольку вещи не по сезону не нужны вам немедленно, гораздо проще применить простой критерий — доставляют они вам радость или нет. Есть один вопрос, которым я рекомендую задаваться, когда вы сортируете одежду не по сезону: *«Хочу ли я увидеть эту одежду снова в следующий раз, когда для нее настанет сезон?»* или, если перефразировать этот вопрос, *«Захочу ли я надеть это сразу, как только позволит погода?»*

«Хочу ли я снова увидеть эту вещь? Ну, даже не знаю…» Если ваши ощущения таковы — выбрасывайте смело. А если вы долго носили эту вещь в прошлый сезон, не забудьте выразить ей свою благодарность. Вы боитесь, что у вас не останется никакой одежды, если вы будете применять этот стандарт? Не переживайте! Вам может показаться, что вы выбрасываете ужасно много одежды, но если вы выбираете те вещи, которые доставляют удовольствие, у вас останется ровно то количество, которое вам нужно.

Как только наловчитесь выбирать то, что любите, можете переходить к следующей подкатегории одежды — одежде по сезону. Главные моменты, о которых надо помнить: убедитесь, что вы собрали все предметы одежды, имеющиеся в доме, и непременно берите в руки каждую вещь.

как проводить уборку по категориям

удобная домашняя одежда

разжалование в категорию «удобной домашней одежды» запрещено!

Кажется расточительством выбрасывать вещи, которые еще вполне можно использовать, особенно если вы покупали их сами. В подобных случаях мои клиенты часто спрашивают меня, можно ли им сохранить одежду, которую они никогда не наденут «на выход», и использовать ее как домашнюю. Если я в таких случаях отвечала утвердительно, гора домашней одежды становилась еще больше, а общий объем вещей ничуть не уменьшался.

При всем при том я признаю, что некогда проделывала то же самое с одеждой, относительно которой была уверена, что больше никогда не надену ее на выход. Кардиганы в катышках, вышедшие из моды блузы, платья, которые мне не шли или которые я просто ни разу не надевала, — очень скоро у меня развилась привычка переводить подобные вещи в категорию «домашней одежды», вместо того чтобы выбрасывать их. Однако в девяти случаях из десяти я больше их никогда не носила.

Я вскоре обнаружила, что у многих моих клиентов также имеются коллекции «спящей» домашней одежды. Ответы на вопрос о том, почему они ее не носят, говорили сами за себя: «*Я не могу в этом расслабиться*», или «*Мне кажется расточительством носить эти вещи в доме, ведь в действительности они предназначены для выхода*», или «*Эта вещь мне не нравится*» и т. д. Иными словами, эти «отверженные» предметы в действительности не являются домашней одеждой. Называть их так — значит попросту откладывать на потом избавление от ненужных вещей, которые не приносят никакой радости. Существуют магазины, торгующие исключительно удобной домашней одеждой, и ее дизайн, материалы и покрой целиком нацелены на релаксацию. Очевидно, что по своим качествам эта одежда разительно отличается от того, что мы надеваем «в люди». Пожалуй, хлопчатобумажные футболки — единственный тип уличной одежды, который можно заново использовать в этой категории.

Мне лично кажется, что неправильно оставлять у себя одежду, которая нам не нравится, чтобы «расслабляться» в ней дома. Наше домашнее время — драгоценная часть жизни. Его ценность не должна снижаться просто оттого, что дома нас никто не видит. Так что начиная с сегодняшнего дня покончите с привычкой разжаловать одежду, от которой вы не в восторге, переводя ее в категорию домашней. Истинное расточительство — не выбрасывать вещи, которые вам не нравятся, а надевать их даже тогда, когда вы стремитесь создать идеальное пространство для идеального стиля жизни. Именно потому, что дома нет никого, кто мог бы увидеть вас, имеет гораздо больший смысл подкреплять позитивное представление о себе, нося одежду, которую вы любите.

То же касается и пижам. Если вы — женщина, носите в качестве ночной одежды что-нибудь женственное или элегантное. Худшее, что можно придумать, — это носить бесформенный спортивный костюм. Время от времени я знакомлюсь с людьми, которые одеваются так постоянно, неважно, бодрствуют они или спят. Если спортивные штаны — ваша ежедневная экипировка, в конечном счете вы будете выглядеть так, будто в них родились, а это не слишком привлекательно. То, что вы носите дома, активно влияет на ваше представление о себе.

хранение одежды: складывайте правильно — и вы решите проблемы с хранением

После процедуры отбора у моих клиентов обычно остается всего треть или четверть одежды от того объема, с которого они начинали. Поскольку вся одежда, которую они хотят сохранить, по-прежнему лежит посреди комнаты, пора начать ее убирать. Однако прежде, чем мы перейдем к этому этапу, позвольте мне рассказать вам одну историю.

У меня однажды была клиентка с проблемой, которую я просто не могла понять. Эта пятидесятилетняя домохозяйка в начале нашего первого разговора сказала, что пространства для хранения в ее доме не хватит для всей ее одежды. Однако план квартиры показал, что у нее в распоряжении не просто были два платяных шкафа, но и размеры этих шкафов примерно в полтора раза превышали средние стандартные размеры. Хотя и этого пространства должно было быть вполне достаточно, у нее еще была стоячая вешалка с тремя плечиками с вещами.

Изумившись, я провела примерные подсчеты и выяснила, что у нее в гардеробе должно было быть около 2 тысяч разных нарядов. И только когда я, наконец, побывала в ее доме, мне все стало ясно. Когда открылись дверцы ее платяного шкафа, занимавшего всю длину стены, у меня отвисла челюсть. Это было все равно что смотреть на переполненные вешалки в химчистке. Там, аккуратно размещенные на плечиках, висели не только шубы и юбки, но также футболки, свитера, сумки и даже белье.

Моя клиентка немедленно пустилась в детальное объяснение своей коллекции вешалок для одежды: «Этот тип изготовлен специально для вязаных вещей, чтоб они не соскальзывали... А это вешалки ручной работы. Я купила их в Германии...» После пятиминутной лекции она ослепительно улыбнулась мне и сказала: «Вещи не мнутся, если висят на вешалках. И они просто дольше служат, верно?» После дальнейших расспросов я выяснила, что она не складывает свою одежду. Никакую и никогда.

Для одежды существует два метода хранения: один — вешать предметы на плечики и убирать в шкаф, а другой — складывать их и убирать в ящики. Я могу понять, почему людей привлекает идея развешивать свою одежду. Кажется, что тогда с ней намного меньше хлопот. Однако я всячески рекомендую складывание как главный метод хранения. *Но ведь это такая морока – складывать вещи и убирать их в ящик! Гораздо проще повесить их на вешалку и сунуть в гардероб.* Если вы думаете именно так, значит, вы еще не открыли для себя истинный эффект складывания.

Развешивание просто не способно состязаться со складыванием с точки зрения экономии пространства. Хотя это до известной степени зависит от толщины одежды, о которой идет речь, при складывании можно уместить от 20 до 40 предметов одежды в том же пространстве, которое требуется для развешивания 10 вещей. У клиентки, которую я описала выше, вещей было лишь ненамного больше, чем у средней женщины. Если бы она их складывала, ей было бы нетрудно разместить их в своем пространстве для хранения. Аккуратно складывая одежду, можно разрешить практически любую проблему, связанную с хранением.

Но это не единственный эффект складывания. Истинное его преимущество в том, что вы обязаны брать в руки каждый предмет одежды. Проводя руками по ткани, вы вливаете в нее свою энергию. По-японски исцеление обозначается словом «тэатэ», которое буквально означает «наложение рук». Этот термин возник до развития современной медицины, в те времена, когда люди верили, что наложение человеческой руки на рану способствует исцелению.

Мы знаем, что мягкий физический контакт, осуществляемый родителем, такой как поглаживание, прикладывание ладони, объятия, обладает свойством успокаивающе воздействовать на детей. Аналогичным образом твердое, но ласковое прикосновение человеческих рук во время массажа гораздо лучше способствует расслаблению зажатых мышц, чем механические толчки массажной машины. Энергия, которая переливается из рук другого человека в нашу кожу, похоже, лечит и тело, и душу.

То же можно сказать и об одежде. Когда мы берем свою одежду в руки и аккуратно ее складываем, мы, как я полагаю, передаем ей энергию, оказывающую на нашу одежду положительное воздействие. Правильное складывание туго натягивает ткань, изглаживает морщины, делает материал крепче и жизнеспособнее. Одежда, которая была аккуратно сложена, характеризуется прочностью и блеском, который сразу можно распознать: он сразу же отличает ее от тех вещей, которые были небрежно затолканы в ящик. Процесс складывания — это далеко не просто придание одежде компактной формы для хранения. Это акт заботы, выражение любви и благодарности за то, что эти вещи поддерживают ваш образ жизни. Таким образом, складывая одежду, мы должны вкладывать в нее душу, благодаря ее за то, что она защищает наши тела.

Вдобавок к этому складывание одежды после того, как она была выстирана и высушена, — это возможность по-настоящему рассмотреть ее во всех подробностях. Например, мы можем заметить места, где ткань истрепалась, или увидеть, что данный предмет одежды уже изношен. Складывание — это форма диалога с нашим гардеробом. Традиционную японскую одежду — кимоно и юката — всегда складывали прямоугольниками, чтобы она идеально помещалась в ящики, изготовленные по стандартным размерам. Не думаю, что где-то еще в мире есть хоть одна культура, где контейнеры для хранения и предметы одежды подходили бы друг к другу так точно. Японцы хорошо понимают, какое удовольствие можно получать от складывания вещей, они словно генетически запрограммированы для решения этой задачи.

как складывать

лучший способ складывания для идеального внешнего вида

Со стиркой покончено, вещи ждут, когда их уберут... но именно в этот момент многие люди оказываются в тупике. Складывание кажется им излишней работой, особенно если эти вещи все равно придется скоро надевать. Многие этим вопросом не озадачиваются — и вскоре уже все завалено одеждой. Начинается ежедневная рутина — выбирание из кучи вещей того, что можно надеть, а куча продолжает расти, со временем расползаясь по всей комнате.

Если это ваш случай — не волнуйтесь. Некоторые мои клиентки не умели даже правильно складывать вещи, когда начинали брать у меня уроки. Более того, многие из них открыто заявляли, что принципиально никогда не складывают свою одежду. Мне случалось открывать шкафы настолько переполненные, что вещи в них выглядели так, будто их упаковали в вакуумные пакеты; я видела ящики, набитые одеждой, свернутой и скрученной, как лапша. Волей-неволей закрадывалась мысль, что мои клиентки даже не знают значения слова «складывать». Но после окончания моего курса все и каждая из них говорили мне: «Складывание одежды — это удовольствие!»

секрет:
хранить вещи
вертикально,
а не в лежачем
положении

Одна из моих клиенток, молодая женщина чуть старше двадцати, ненавидела складывание настолько, что одежду вместо нее обычно складывала мать. Однако в процессе наших занятий она полюбила складывать вещи и даже начала учить свою мать правильно это делать. Стоит как следует овладеть этой техникой — и вы будете по-настоящему наслаждаться ею, делая это каждый день. Мало того, вы обнаружите, что это полезный навык для всех остальных областей жизни. В сущности, идти по жизни, не умея складывать, — это большая потеря.

Первый шаг — воочию представить, как будет выглядеть внутренность вашего ящика после того, как вы закончите. Целью должна быть такая организация содержимого, чтобы вы могли увидеть, где находится каждый предмет, бросив внутрь мимолетный взгляд, так же как видите корешки книг на своей книжной полке. Секрет этого — хранить вещи вертикально, а не в лежачем положении. Некоторые люди подражают магазинным витринам, складывая каждый предмет одежды большим прямоугольником, а затем выкладывая вещи друг на друга слоями. Это великолепный способ для временных распродажных витрин в магазинах, но не к этому мы должны стремиться дома, где наши отношения с одеждой являются долгосрочными.

Чтобы одежду можно было хранить в стоячем положении, ее нужно сделать компактной, а это означает большее количество складок. Некоторые люди полагают, что большее количество складок приводит к появлению большего числа морщин на ткани, но это не так. Возникновению морщинок способствует не количество складок, а количество примененного давления. Даже сложенная с незначительным количеством складок одежда будет морщиться, если она хранится в стопке, потому что масса предметов одежды действует как пресс. Представьте себе разницу между складыванием одного листа бумаги и ста листов разом. Гораздо труднее получить резкую складку, складывая одновременно целую стопку бумаги.

Как только вы получите представление о том, как будет выглядеть внутреннее содержимое ваших ящиков, можете начинать складывать. Цель — сложить каждый предмет одежды в простой гладкий прямоугольник. Вначале заложите каждую боковую сторону предмета одежды к центру и подогните внутрь рукава, чтобы придать вещи прямоугольную форму. Неважно, как именно вы будете складывать рукава. Далее, подберите одну сторону прямоугольника и переложите ее так, чтобы она совпала с другой стороной. Затем сложите снова, вдвое или втрое. Количество складок должно быть рассчитано так, чтобы сложенный предмет одежды, поставленный на ребро, не превышал высоту ящика. Это базовый принцип. Если вы обнаружите, что конечный результат складывания имеет нужную форму, но при этом остается слишком свободным и оседает, вместо того чтобы стоять, это признак того, что ваш способ складывания не соответствует типу ткани. У каждого предмета одежды есть свое собственное «сладкое местечко», в котором он чувствует себя именно так, как надо, — сложенное состояние, которое лучше всего подходит именно этому предмету. Оно будет разным в зависимости от типа материала и размера вещи, и поэтому вам нужно будет подгонять свой метод до тех пор, пока вы не нащупаете оптимальный режим складывания. Это нетрудно. Подогнав высоту сложенного предмета одежды так, чтобы он стоял как следует, вы достигнете этого «сладкого местечка» с удивительной легкостью.

Складывание идет еще легче, если складывать тонкий, легкий материал туже, сокращая размеры вещи до минимальной ширины и высоты, а толстому, пушистому материалу давать больше свободы. В тех случаях, когда один конец предмета одежды толще, чем другой, лучше держать более тонкий конец в руке в процессе складывания. Нет ничего более приятного, чем обнаружить оптимальную форму складывания. Предмет одежды сохраняет форму, поставленный вертикально, и ощущается «правильно», когда держишь его в руке. Это похоже на внезапное откровение — *так вот как ты хочешь, чтобы тебя складывали!* — особый момент, когда между твоим разумом и предметом одежды возникает контакт. Мне очень нравится видеть, как проясняются в этот момент лица моих клиентов.

как проводить уборку по категориям

расположение одежды
секрет: как зарядить ваш гардероб энергией

Как приятно открыть платяной шкаф и увидеть, что вещи, которые вы любите, аккуратно развешаны на вешалках! Но шкафы моих клиентов часто представляют собой такой хаос, что требуется известное мужество даже просто для того, чтобы открыть их, а когда они открыты, найти что-нибудь внутри невозможно.

На то есть две возможные причины. Первая — гардероб просто слишком переполнен. Одна из моих клиенток набила в свой шкаф столько вещей, что потребовалось целых три минуты, чтобы выудить из него один-единственный наряд. Вешалки висели настолько плотно друг к другу, что, после долгого сопения и дергания, когда она наконец ухитрилась выдернуть одну из них, вещи по обе стороны от нее вылезли наружу, как ломтики хлеба из тостера. Я вполне могла понять, почему она несколько лет не пользовалась этим шкафом. Это, конечно, пример экстремальный, но большинство людей действительно хранят в своих платяных шкафах гораздо больше вещей, чем необходимо. Это одна из причин, по которым я рекомендую складывать любую одежду, какую только возможно. Разумеется, есть некоторые типы одежды, которые лучше хранить на плечиках. В их число входят пальто, костюмы, пиджаки, юбки и платья. Мой стандарт таков: вешать любую одежду, при взгляде на которую ясно, что она будет чувствовать себя счастливее в развешанном состоянии, — например, сшитую из легких материалов, которые трепещут на ветру, или дизайнерскую одежду, которая прямо-таки протестует против того, чтобы ее складывали. Это мы развешиваем без вопросов.

Другая причина беспорядка в гардеробе — отсутствие информации. Многие люди попросту не знают, как упорядочивать одежду на плечиках. Самое основное правило — вешать одежду из одной и той же категории рядом, разделяя вешалочное пространство на секцию пиджаков, секцию костюмов и т. д. Вещам, как и людям, свойственно лучше чувствовать себя в компании «единомышленников», которые очень похожи на них по типу, а следовательно, организация по категориям помогает им ощутить себя более комфортно и безопасно. Вы можете буквально преобразовать свой гардероб, просто применив этот принцип.

Конечно, многие люди утверждают, что даже когда они упорядочивают свои вещи по категориям, в скором времени все опять приходит в беспорядок. Так что позвольте мне представить вам секрет сохранения порядка в шкафу и комодах, который вы стремитесь организовать. Расположите свою одежду так, чтобы

Правильно складывая одежду, вы тем самым выражаете ей свою любовь, заботу и благодарность.

она «поднималась вправо». Нарисуйте стрелку, ведущую вверх и вправо, а потом другую, нисходящую вправо. Вы можете сделать это на листе бумаги или просто парой движений в воздухе. Вы заметили ощущение легкости, которое возникает, когда вы рисуете стрелку вверх и вправо? Линии, которые направлены по восходящей вправо, порождают ощущение большего комфорта. Используя этот принцип при организации своего гардероба, вы можете придать его содержимому гораздо более воодушевляющий вид.

Чтобы сделать это, вешайте более тяжелые предметы с левой стороны, а более легкие — с правой. В число более тяжелых предметов входят длинные, сделанные из более плотных материалов, а также сшитые из ткани более темных оттенков. По мере того как вы продвигаетесь к правой стороне вешалочного пространства, длина одежды уменьшается, материал становится тоньше, а цвет светлее. Если говорить о категориях, то верхняя одежда должна висеть в дальнем левом углу, за ней следуют платья, пиджаки, брюки, юбки и блузы. Это основной порядок. Но в зависимости от направленности вашего гардероба то, что считается «тяжелым» в каждой категории, будет разниться. Попробуйте создать такой баланс, благодаря которому будет казаться, что вещи взлетают вправо. Кроме того, расположите вещи в каждой категории от тяжелых к легким. Когда вы встанете перед гардеробом, который был реорганизован таким образом, чтобы одежда поднималась слева направо, вы почувствуете, что ваше сердце бьется быстрее, а клетки вашего тела так и гудят от энергии. Эта энергия также передастся вашей одежде. Даже когда вы закроете дверцу, воздух в вашей комнате будет казаться более свежим. Однажды ощутив это, вы больше никогда не откажетесь от привычки организовывать вещи по категориям.

Некоторые могут усомниться в том, что внимание к таким мелочам способно вызвать подобную перемену, но зачем тратить свое время на сомнения, если применение этой восхитительной магии во всех ваших домашних хранилищах способно поддерживать комнату в порядке? Вам потребуется всего десять минут, чтобы реорганизовать свой гардероб по категориям, так что доверьтесь мне и попробуйте. Но не забывайте, что вначале вы должны сократить его, оставив только те вещи, которые по-настоящему любите.

хранение носков
относитесь к своим носкам и колготкам с уважением

С вами когда-нибудь случалось такое, что вы думали, будто делаете благое дело, но после узнавали, что кому-то навредили? В момент совершения того поступка вы ни о чем таком не думали, не придавая значения чувствам другого человека. Примерно в том же духе многие из нас обращаются со своими носками.

Я пришла домой к одной своей клиентке, женщине лет пятидесяти. Как всегда, мы начали с одежды. Мы в ровном темпе прошлись по гардеробу, покончили с бельем и были уже готовы начать упорядочивать носки. Но когда она открыла свой ящик с носками, я была шокирована. Он оказался полон похожих на картофелины скатанных носков. Она складывала вместе их верхние части, скатывая их затем в шарики, а чулки и колготки крепко перевязывала посередине. Я просто онемела. Одетая в безупречный белый фартук, моя клиентка улыбнулась мне и сказала: «Так проще выбрать пару, которая мне нужна, и к тому же их легко убирать, вы не находите?» Хотя я часто сталкиваюсь с таким подходом во время своих занятий, он неизменно меня поражает. Давайте уговоримся здесь и сейчас: никогда, ни в коем случае не перевязывайте свои колготки и чулки. Никогда, ни в коем случае не скатывайте шариком свои носки. Я указала ей на носочные шары. «Посмотрите на них повнимательней. У носков должно быть время для отдыха. Неужели вы думаете, что можно отдыхать в таком виде?»

Да, это именно так. Носки и колготки, хранящиеся в вашем ящике, в сущности, пребывают в отпуске. Им здорово достается во время повседневной работы, они сплющиваются между вашей стопой и стелькой обуви, выдерживают давление и трение, защищая ваши драгоценные ножки. То время, которое они проводят в вашем ящике, — их единственный шанс на отдых. Но если их перекладывают, скатывают в шарик или связывают, они постоянно находятся в состоянии напряжения, их ткань деформируется, а эластичные нити растягиваются. Они катаются по ящику и сталкиваются друг с другом каждый раз, когда вы открываете и закрываете ящик. Носки и колготки, которым настолько не повезло, что они оказались затолканы в заднюю часть ящика, часто остаются забытыми так надолго, что их эластичные нити растягиваются безвозвратно. Когда же владелица наконец обнаруживает их и надевает, уже слишком поздно, и остается только переправить их в мусорную корзину. Можно ли представить себе худшее отношение?

Давайте начнем с того, как правильно складывать ваши колготки. Если вы привыкли их связывать, начните с развязывания узлов! Положите их носочки друг на друга и сложите пополам в длину. Затем сложите снова, в три раза, заботясь о том, чтобы носочки были внутри, а не снаружи, а поясок слегка выступал сверху. Наконец, скатайте их в цилиндрик по направлению к пояску. Если поясок останется снаружи, когда вы закончите, значит, вы сделали все правильно. С чулками и гольфами по колено поступайте так же. Когда речь идет о более толстых материалах, например о зимних колготках, их легче будет скатать, если сложить пополам, а не втрое. Смысл в том, что они должны быть скатаны в твердую устойчивую форму, очень похожую на тот вариант суши, что называется ролл.

Убирая колготки на хранение в ящик, аранжируйте их, ставя цилиндрики стоймя, чтобы внутренняя спираль была на виду. Если вы храните их в пластиковых ящиках, рекомендую вначале сложить в картонную коробку, чтобы они не скользили и не разворачивались, а потом уже поместить коробку в ящик. Коробка из-под обуви имеет идеальный размер, чтобы служить разделителем для колготок. Этот метод убивает одним выстрелом двух зайцев. Он позволяет вам с одного взгляда определить, сколько пар колготок у вас есть, защищает их от повреждений и сохраняет в гладком и несморщенном виде, чтобы их было легче надевать. Кроме того, в таком виде ваши колготки становятся гораздо счастливее.

Складывать носки еще легче. Если вы скатывали верхние резинки, для начала разверните их. Сложите носки один поверх другого и следуйте тем же принципам, что и для складывания одежды. Для носков с низким бортиком, которые едва прикрывают стопу, достаточно складывания пополам; носки до щиколотки складывают в три слоя; гольфы до колена и выше колена — от четырех до шести слоев. Количество складываний

Никогда,
ни в коем случае
не скатывайте шариком
свои носки.

можно варьировать, чтобы получить такую высоту, которая лучше всего подходит для вашего ящика. Это легко. Старайтесь создать простой прямоугольник — это главный момент складывания. Храните носки, ставя их набок, так же, как и одежду. Вы удивитесь, сколь немного пространства вам понадобится по сравнению с «эпохой картофельных шариков», и заметите, что ваши носки испустят вздох облегчения, когда вы их освободите.

Когда я вижу студенток в высоких носках, у которых растянулась резинка, меня так и тянет рассказать им, как нужно правильно складывать их носки.

сезонная одежда
нет необходимости убирать на хранение несезонную одежду

Июнь в Японии — сезон дождей. Это также по традиции месяц *коромогаэ* («смена платья»), когда принято переходить на летний гардероб. Ему предшествуют несколько недель, в течение которых люди чистят и упаковывают зимнюю одежду и достают летнюю. Всякий раз, как приближается эта пора года, она напоминает мне, что когда-то я тоже так делала. Однако вот уже несколько лет я не считаю нужным убирать несезонные вещи на хранение. Обычай *коромогаэ*

как проводить уборку по категориям

родом из Китая, он был введен в Японии как придворный обычай во время Хэйанского периода (794—1185 гг.). Только в конце XIX века, когда студенты и служащие начали носить форму, этот обычай был введен в бизнесе и в школах. Компании и школы официально переходили на летнюю форму в начале июня и на зимнюю форму — в начале октября. Иными словами, это правило применялось только в организациях, и в его распространении на обычные домохозяйства просто не было нужды.

Но, как и все остальные японцы, я тоже была убеждена, что должна убирать на хранение и распаковывать сезонную одежду дважды в год, в июне и октябре. Я проводила эти два месяца, трудолюбиво опустошая и вновь заполняя шкафы и ящики. Честно говоря, этот обычай вызывал у меня досаду. Если платье, которое я хотела надеть, хранилось в коробке на верхней полке шкафа, мне казалось слишком хлопотным доставать коробку и выкапывать его оттуда. Вместо этого я шла на компромисс и надевала что-нибудь другое.

Бывали годы, когда мне не удавалось распаковать свою летнюю одежду вплоть до июля, и я обнаруживала, что за это время успела купить вещи, аналогичные тем, которые у меня уже были. Часто, стоило мне только распаковать свою летнюю одежду, как вновь наступало похолодание.

Обычай убирать на хранение сезонную одежду устарел. С введением в обиход кондиционирования воздуха и центрального отопления наши дома меньше подвержены влиянию климата. Теперь часто можно видеть, что люди носят футболки в помещении даже зимой. Так что пора отказаться от этого обычая и держать свои вещи готовыми к употреблению круглый год, вне зависимости от сезона.

Моим клиентам нравится этот подход, особенно потому, что они могут выбрать именно ту одежду, которую хочется, а также в любой момент оценить, что у них есть. Никаких трудных методов не требуется. Все, что вам нужно, — это упорядочить свои вещи, исходя из предпосылки, что вы не будете убирать несезонную одежду на хранение.

Штука в том, чтобы не поддаться на уловку избыточной классификации. Складывая свои вещи в ящик, приблизительно разделите их на две категории — «типа хлопка» и «типа шерсти». Классификации по сезону (лето, зима, осень, весна) или по типу деятельности (например, рабочая одежда и одежда для отдыха) следует избегать, потому что она слишком неопределенна. Если пространство в доме моих клиентов ограниченно, я предлагаю им убирать на хранение лишь небольшие и специализированные несезонные вещи, такие как купальники и шляпки от солнца для летнего сезона, а для зимнего — шарфы,

как проводить уборку по категориям

перчатки и шапки. Зимнюю верхнюю одежду в силу ее немаленького размера можно оставить в гардеробе и тогда, когда она не нужна.

С теми из вас, у кого все равно не хватает места, позвольте поделиться несколькими советами по хранению ваших несезонных вещей. Многие люди хранят несезонные вещи в пластиковых ящиках с крышками. Однако эти вместилища для хранения трудней всего использовать эффективно. Когда они стоят в шкафу, что-нибудь непременно окажется положенным на них сверху, а вытаскивание такого ящика и открывание его требуют приложения слишком большого количества дополнительных усилий. Да и слишком легко вообще забыть, что этот ящик там стоит, и не вспоминать о нем, пока сезон не кончится. Если вы в ближайшем будущем собираетесь покупать приспособления для хранения, рекомендую купить вместо ящиков комод. И старайтесь не заталкивать вещи в комод надолго, даже если для них не сезон. Одежда, которая провела в таком «заключении» более полугода, выглядит увядшей, словно ее душили. Время от времени открывайте ей доступ к свету и воздуху. Выдвигайте ящики и проводите руками по их содержимому. Давайте вещам знать, что вы к ним неравнодушны, что вы с нетерпением ждете, когда можно будет их снова надеть во время следующего сезона. Такого рода «коммуникация» помогает вашим вещам сохранять живость и продлевает ваши отношения с ними.

хранение книг сложите все книги вместе

Как только вы завершили упорядочивание и раскладывание на хранение предметов одежды, пора переходить к книгам. Книги — одна из тех категорий вещей, которые людям труднее всего выбрасывать. Многие говорят, что книги — единственная вещь, с которой они просто не могут расстаться, вне зависимости от того, являются ли они запойными читателями; но на самом деле действительную проблему представляет способ, которым люди расстаются с книгами.

Одна из моих клиенток, женщина лет тридцати, которая работала в иностранной консультативной фирме, любила книги. Она не только прочитывала все тематические книги по бизнесу, ее интересы распространялись на широкий спектр романов и книг с иллюстрациями. Вполне естественно, что ее комната была заполнена книгами. У нее было не только три полностью занятых больших книжных шкафа высотой до потолка, но и около двадцати книжных башен высотой по пояс, выстроенных прямо на полу. Передвигаясь по ее комнате, мне приходилось ступать боком и изворачиваться, чтобы не наткнуться ни на одну из них.

Я сказала ей то, что говорю всем своим клиентам:

как проводить уборку по категориям

— Пожалуйста, для начала снимите все до единой книги с полок и разложите их, например, на полу.

У нее округлились глаза.

— Все? Но это же ужасно много!

— Да, я знаю. Все, пожалуйста!

— Но... — Она мгновение помедлила в нерешительности, словно подыскивая слова, а потом продолжила: — Разве не легче было бы выбирать их, когда они по-прежнему стоят на полке и я вижу заглавия?

Книги обычно стоят в книжных шкафах таким образом, чтобы их корешки были отчетливо видны, поэтому действительно кажется, что имеет больший смысл отсеивать те, которые вам не нужны, когда вы видите эти заглавия. Мало того, книги еще и тяжелые. Снимать все их с полок только для того, чтобы поставить обратно, кажется пустой тратой сил... Несмотря на все это, не пропускайте этот шаг. Достаньте все книги из книжных шкафов. Вы не можете точно судить, действительно ли книга «цепляет» вас, если она по-прежнему стоит на книжной полке. Так же как одежда или любые другие личные вещи, книги, которые стоят на полке в течение долгого времени без человеческого прикосновения, засыпают. Или, возможно, мне следовало бы сказать — становятся «невидимками». Хотя они целиком на виду, они остаются незамеченными, так же как кузнечик может неподвижно сидеть в траве, сливаясь с окружающей средой.

Если вы будете задаваться вопросом «радует ли меня эта вещь?», просто смотря на книги, стоящие на полках или лежащие в ящиках, этот вопрос будет не слишком много для вас значить. Чтобы по-настоящему решить, хочется ли вам что-то сохранить или выбросить, вы должны пробудить свои вещи от глубокого сна. Даже стопки книг, уже стоящие на полу, легче оценивать, если вы передвинете их на другой участок пола или заново переложите их. Так же, как мы нежно трясем человека за плечо, чтобы разбудить его, мы можем пробудить и свои личные вещи, физически передвигая их, открывая им доступ к свежему воздуху и приводя их «в сознание».

Помогая своим клиентам убирать их дома или офисы, я встаю перед горой книг, которую они сложили на пол, и хлопаю в ладоши или мягко поглаживаю книжные обложки. Хотя клиенты поначалу странно на меня косятся, они неизменно удивляются тому, как быстро и точно после этого удается провести процесс отбора. Они четко видят, что им нужно, а что — нет. Гораздо труднее сортировать книги, когда они по-прежнему стоят на полке: это лишь означает, что вам придется повторить тот же самый процесс позже. Если книг слишком много, чтобы выложить их все на пол одновременно, я прошу клиентов разделить их на четыре условные категории:

- Художественные (книги, которые читают для удовольствия)
- Прикладные (справочники, поваренные книги и т. д.)
- Иллюстрированные (фотоальбомы и т. д.)
- Журналы

Как только вы сложили все свои книги в кучу, берите их по одной в руки и решайте, хотите вы их сохранить или выбросить. Разумеется, критерий остается тот же: испытываете ли вы трепет удовольствия, прикасаясь к ним, или не испытываете. Помните: я сказала — когда вы к ним *прикасаетесь*. Старайтесь не начинать читать их. Чтение затуманивает вашу способность к суждению. Вместо того чтобы задаваться вопросом, что вы чувствуете, вы начнете спрашивать себя, нужна ли вам эта книга. Представьте себе, каково бы это было — иметь книжный шкаф, заполненный только теми книгами, которые вы по-настоящему любите. Разве не захватывающий образ? Можно ли придумать большее счастье для человека, который любит книги?

НЕПРОЧИТАННЫЕ КНИГИ «КОГДА-НИБУДЬ» ОЗНАЧАЕТ «НИКОГДА»

Самая распространенная причина, по которой люди не выбрасывают книги, — это «возможно, я ее еще прочитаю» или «возможно, мне захочется перечитать ее снова». Потратьте немного времени на то, чтобы сосчитать своих любимцев — книги, которые вы действительно читали не один раз. Много ли таких? У кого-то таких может найтись всего пять, а отдельные выдающиеся читатели могут насчитать не меньше сотни. Однако люди, которые читают и перечитывают столько книг, обычно являются представителями конкретных профессий, например учеными или писателями. Очень редко можно найти совершенно обычного человека, подобного мне, который так много читает. Давайте смотреть фактам в лицо. Наверняка вы будете перечитывать лишь немногие из ваших книг. Как и в случае с одеждой, нужно взять паузу и подумать, какой цели служат эти книги.

Книги — это, в сущности, бумага, листы бумаги, покрытые печатными буквами и переплетенные вместе. Их истинное предназначение — быть читаемыми, передавать информацию своим читателям. Значение имеет именно та информация, которую они содержат. Нет никакого смысла в том, чтобы они просто стояли на ваших полках. Вы читаете книги, чтобы пережить опыт чтения. Книги, которые вы прочли, уже были пережиты, и их содержание находится внутри вас, даже если вы его не помните. Так что, решая, какие книги стоит сохранить, забудьте и думать о том, что вы будете снова их перечитывать, и не задумывайтесь, усвоили ли вы их содержание. Вместо этого берите каждую книгу в руки и решайте, трогает ли она вас или нет. Сохраняйте только те книги, при одном взгляде на которые вы будете чувствовать себя счастливыми, только те книги, наличие которых на ваших книжных полках пробуждает в вас любовь. Это относится и к моей книге. Если вы не испытываете никакой радости, держа ее в руке, я предпочла бы, чтобы вы ее выбросили.

А как насчет книг, которые вы начали, но еще не закончили читать? Или книг, которые вы купили, но еще не начали читать? Что делать с книгами, подобными этим, которые вы намерены прочитать «когда-нибудь»? Интернет здорово облегчил покупку книг, но мне кажется, что вследствие этого у людей на руках теперь больше непрочитанных книг, чем когда-либо прежде. Не такое уж это редкое явление — когда человек покупает одну книгу, а потом покупает следующую, едва успев или даже не успев начать читать первую. Непрочитанные книги накапливаются. Проблема с книгами, которые мы намерены прочитать «когда-нибудь», в том, что от них куда трудней избавиться, чем от тех, которые мы уже прочли.

Помню, как-то раз я рассказывала президенту одной компании о том, как очистить его кабинет. Его книжные полки были полны книгами с непроизносимыми названиями, которые вроде как положено читать президенту компании, начиная с такой классики, как Друкер и Карнеги, и заканчивая последними бестселлерами. Было такое впечатление, что ты входишь в книжный магазин. Когда я увидела его коллекцию, сердце у меня ушло в пятки. И действительно, начав их сортировать, он одну за другой клал книги в стопку, которую надлежало сохранить, говоря, что они еще не прочитаны. К тому времени как он закончил сортировку, у него по-прежнему оставалось 50 томов, и по сравнению с изначальной коллекцией едва ли что-то изменилось. Когда я спросила его, зачем он их хранит, он дал классический ответ из моего списка наиболее вероятных ответов: «Потому что мне, возможно, когда-нибудь понадобится их прочесть». Боюсь, что, опираясь на свой личный опыт, могу сказать вам прямо сейчас: «когда-нибудь» означает «никогда».

Если вы упустили свой шанс прочесть какую-то конкретную книгу, даже если вам ее рекомендовали или вы намеревались ее прочесть давным-давно, то это ваш шанс расстаться с ней. Возможно, вы хотели прочесть ее, когда покупали, но если вы не прочли ее до сих пор, значит, предназначение этой книги в том, чтобы подсказать вам, что она вам не нужна. Нет ника-

Сокращая количество
вещей в доме,
вы в какой-то момент
осознаете, сколько
и чего именно
вам нужно.

кой необходимости заканчивать читать книги, которые вы прочли лишь наполовину. Их задача и была в том, чтобы быть прочитанными наполовину. Так что избавьтесь от всех этих непрочитанных книг. Гораздо полезнее для вас будет прочесть книгу, которая по-настоящему захватывает вас прямо сейчас, чем ту, которая собирала пыль годами.

Люди, имеющие большие собрания книг, почти всегда являются прилежными учащимися. Вот почему нередко можно увидеть в их собраниях множество справочников и учебников. Руководства и учебники для приобретения определенных квалификаций часто бывают невероятно разнообразными, начиная от пособий по бухгалтерии, философии и компьютерным навыкам до ароматерапии и рисования. Иногда меня просто изумляет то, каким видом знаний интересуются мои клиенты. Многие мои клиенты также хранят старые учебники, начиная со школы, и тетради тех времен, когда они еще только учились писать.

Так что если вы, как многие мои клиенты, храните книги, которые подпадают под эту категорию, я призываю вас перестать утверждать, что когда-нибудь вы ими воспользуетесь, и избавиться от них сегодня же. Почему? Потому что очень мала вероятность, что вы все-таки когда-нибудь их прочтете. Из всех моих клиентов менее 15 процентов действительно используют такие книги. Когда они объясняют, почему так цепляются за эти книги, их ответы всегда вертятся вокруг того, что они намерены сделать «когда-нибудь». *«Я когда-нибудь хотела бы это изучить», «я буду заниматься этим, когда у меня появится немного больше времени», «я думала, что было бы полезно выучить английский язык», «я хотел бы изучить бухгалтерский учет, потому что занимаюсь менеджментом»*... Если вы еще не сделали то, что намеревались сделать, выбросите эту книгу. Только избавившись от нее, вам удастся проверить, насколько вы горите желанием изучить данный предмет. Если после избавления от книги в вашей жизни ничего не меняется, что ж, так тому и быть. Если же эта книга нужна вам настолько, что, выбросив ее, вы готовы купить еще один экземпляр, тогда купите его — и на этот раз прочтите.

книги, которые следует сохранить
те, которым место в «зале славы»

Сейчас я ограничиваю свое книжное собрание примерно 30 томами в любой произвольный момент времени, но в прошлом мне было очень трудно избавляться от книг, потому что я их люблю. Когда я впервые разбирала свою библиотеку, пользуясь критерием доставляемой ими радости, в моем шкафу осталось около 100 томов. Хотя это не избыточное количество, если сравнивать со среднестатистическими данными, я чувствовала, что могла бы еще его сократить. Однажды я решила пристальнее присмотреться к тому, что у меня осталось. Я начала с книг, расставание с которыми считала решительно невозможным. В моем случае первой в списке стояла *«Алиса в стране чудес»*, которую я перечитываю со времен начальной школы. Такие книги, которые попадают в личный книжный «зал славы» человека, легко выявить. Далее я стала присматриваться к книгам, которые доставляли удовольствие, но не дотягивали до этой высокой планки. С течением времени содержимое этой категории существенно меняется, но это книги, которые я определенно хочу сохранить в данный момент. Одной из них являлась *«Искусство избавления от ненужных вещей»*, книга, которая впервые раскрыла мне глаза на уборку, хотя у меня ее больше нет. Книги, которые обеспечивают такое удовольствие, тоже стоит хранить.

Самый сложный случай — те книги, которые доставляют умеренное удовольствие; в которых встречаются слова и фразы, трогающие ваше сердце, и которые вам, возможно, захочется перечитать снова. Их выбросить труднее всего. И хотя я не испытывала настоятельной потребности избавиться от них, я не могла обойти своим вниманием тот факт, что они доставляли мне лишь умеренное удовольствие. Я начала искать способ избавиться от них без сожалений и со временем набрела на то, что назвала «методом сокращения объема». Осознав, что на самом деле я хотела сохранить не книгу, а лишь определенную информацию или конкретные слова, которые она содержала, я решила, что если сохраню лишь то, что необходимо, то смогу выбросить остальное.

Моя идея состояла в том, чтобы переписать вдохновлявшие меня предложения в блокнот. Со временем, думала я, этот блокнот станет личной коллекцией моих любимых афоризмов. Будет здорово перечитывать ее в будущем и отслеживать тот путь, по которому вели меня мои интересы. Полная энтузиазма, я вытащила блокнот, который мне нравился, и взялась за осуществление своего проекта. Я начала с подчеркивания тех мест, которые хотела переписать. Затем я вписывала в блокнот заглавие книги и начинала переписывать. Однако начав, я осознала, что этот процесс потребует слишком большого количества работы. На переписывание требуется время, а если я хочу иметь возможность перечитывать эти слова в будущем, почерк должен быть аккуратным. На переписывание всего десяти цитат из одной-единственной книги потребовалось бы по меньшей мере полчаса, и это очень оптимистичная оценка. От мысли, что такое придется проделать с 40 книгами, у меня закружилась голова.

Тогда я решила использовать копировальную машину. Я скопирую те фрагменты, которые хочу сохранить, а потом вырежу их и вклею в блокнот. Это, думала я, должно быть гораздо быстрее и легче. Но когда я попробовала так сделать, оказалось, что работы получается еще больше. Наконец, я решила вырывать нужные страницы прямо из книги. Вклеивание страниц в блокнот тоже требовало усилий, поэтому я упростила процесс, вкладывая вырванные страницы в файловую папку. При этом на каждую книгу уходило лишь пять минут, и я сумела избавиться от 40 книг и сохранить при этом те высказывания, которые мне нравились. Я была невероятно довольна результатами. Спустя два года пользования этим «методом сокращения объема» меня накрыло внезапное осознание: я *ни разу* не заглянула в ту папку, которую создала. Все эти усилия были потрачены лишь ради того, чтобы утихомирить собственную совесть.

Не так давно я заметила, что наличие меньшего количества книг на самом деле усиливает воздействие прочитанной мной информации. Я стала гораздо легче распознавать необходимую информацию. Многие мои клиенты, в особенности те, которые выбрасывали существенное количество книг и документов, также упоминали об этом. В случае книг выбор времени решает все. Момент, когда сталкиваешься с конкретной книгой, как раз и есть то время, когда нужно ее прочесть. Чтобы не пропустить этот момент, рекомендую вам ограничивать размеры своей книжной коллекции.

сортировка документов
основное правило: выбросите всё

Как только вы покончите с упорядочиванием книг, пора переходить к документам. Речь идет, например, о полке для писем, которая переполнена конвертами; о школьных объявлениях, прилепленных на холодильник; о лежащем возле телефона приглашении на встречу одноклассников, на которую вы не пошли; о газетах, которые скопились на вашем столе за последние несколько дней. В доме есть несколько мест, где бумаги склонны накапливаться, как снежные сугробы.

Хотя общее мнение таково, что в доме обычно бывает гораздо меньше разных бумаг, чем в офисе, на самом деле это не так. Минимальное количество бумажного мусора, который обычно выбрасывают мои клиенты, составляет около двух 45-литровых мусорных мешков. На сегодняшний день максимальное количество составило 15 таких мешков. Я не раз слышала, что шредеры для бумаг, принадлежащие моим клиентам, просто задыхаются от работы. Крайне трудно сладить с таким огромным объемом бумаги, но время от времени мне попадаются удивительные клиенты, от чьих навыков обращения с документами у меня захватывает дух. Когда я спрашиваю: «Как вы ухитряетесь разбираться со своими бумагами?» — они дают мне очень подробные объяснения.

«Документы, связанные с детьми, отправляются в ту папку. А эта папка — хранилище для моих кулинарных рецептов. Журнальные вырезки кладу сюда, инструкции к электроприборам — в эту коробку...» Они классифицируют свои бумаги настолько подробно, что я порой теряю нить рассуждений уже на середине объяснения. Признаюсь, я терпеть не могу складывать бумажки! Я никогда не пользуюсь папками-скоросшивателями и не пишу ярлычков. Возможно, эта система лучше работает в офисной обстановке, где множество людей пользуется одними и теми же документами, но нет совершенно никакой необходимости использовать такую детальную систему документооборота у себя дома.

Мой основной принцип сортировки документов — выбросить их все. Мои клиенты лишаются дара речи, когда я это говорю, но нет ничего более раздражающего, чем бумаги. В конце концов, радости от них никакой, как бы тщательно вы их ни хранили. По этой причине я рекомендую выбрасывать все, что не подпадает под три категории: используемые в настоящие время,

как проводить уборку по категориям

необходимые в течение ограниченного периода времени и те, которые необходимо хранить неограниченно долго.

Термин «документы», между прочим, не включает бумажные документы, обладающие сентиментальной ценностью, например старые любовные письма или дневники. Попытка разобрать эти бумаги кардинально замедлит темп вашего продвижения. Ограничьте себя поначалу разбором бумаг, которые не приносят вам радости, и закончите эту работу одним широким движением. Письма от друзей и любимых могут быть оставлены на то время, когда вы приметесь разбираться с предметами, имеющими сентиментальную ценность.

Когда вы покончите с теми бумагами, которые не приносят ни малейшего удовольствия, что следует сделать с теми, которые вы решили сохранить? Мой документальный метод крайне прост. Я разделяю их все на две категории: документы, которые нужно хранить, и документы, с которыми нужно разбираться. Хотя мой главный принцип — выбрасывать все бумаги, эти две — единственные категории, для которых я делаю исключение. Письма, требующие ответа, документы-анкеты, требующие заполнения, газета, которую вы намерены прочесть, — отведите специальный уголок для бумаг, с которыми необходимо разобраться. Позаботьтесь о том, чтобы все подобные документы хранились только в одном месте. Никогда не позволяйте им распространяться по остальным помещениям. Я рекомендую пользоваться вертикальным органайзером, в котором документы могут храниться стоя, и отвести для этого органайзера особое место. Все бумаги, требующие внимания, можно разместить в нем, не разделяя их.

Что касается документов, которые необходимо хранить, я подразделяю их соответственно частоте использования. Опять же способ, которым я их подразделяю, несложен. Я делю их на нечасто используемые и чаще используемые. В категорию нечасто используемых входят полисы страхования, гарантийные талоны и лицензии. Увы, их необходимо хранить автоматически, не принимая во внимание тот факт, что они не вызывают никакой радости. Поскольку вам практически никогда не придется пользоваться документами из этой категории, нет необходимости прилагать массу усилий к их хранению. Я рекомендую сложить их все в одну-единственную обычную прозрачную пластиковую папку, не заботясь об их дальнейшей классификации.

Другая подкатегория включает бумаги, которые вы будете доставать и просматривать чаще, например материалы по семинарам или вырезки из газет. Хранить их имеет смысл только в том случае, если можно легко получить к ним доступ и прочесть, поэтому я рекомендую вставлять их в прозрачные пластиковые файловые папки на манер книжных страниц. Эта категория — самая сложная из всех. Хотя бумаги, подобные этим, не являются насущной необходимостью, они имеют тенденцию множиться. Сокращение объема этой категории — главный принцип в упорядочивании ваших документов.

Документы организуются только по трем категориям: те, которые требуют внимания; те, которые следует сохранить (контрактные документы), и те, которые следовало бы хранить (иные). Главное — хранить все документы из одной категории в одном и том же контейнере или папке и намеренно воздерживаться от подразделения их на дальнейшие категории по содержанию. Иными словами, вам понадобится три контейнера или папки. Не забывайте, что контейнер под грифом «требует внимания» должен быть пустым. Если в нем есть документы, вы должны понимать, что у вас в жизни есть несделанные дела, которые требуют вашего внимания. Хотя мне никогда не удавалось полностью опустошить этот контейнер, это цель, к которой нам всем следует стремиться.

все о бумагах   как организовывать проблемные бумаги

Мой основной принцип, как я уже говорила, — выбрасывать все бумаги; но всегда будут оставаться те, которые выбросить трудно. Давайте подумаем, как с ними разбираться.

учебные материалы

Люди, которые любят учиться, с высокой степенью вероятности посещают семинары или курсы по разнообразным предметам, например ароматерапии, логическому мышлению или маркетингу. В последнее время в Японии наметилась тенденция использовать часы раннего утра для посещения утренних семинаров. Их содержание и временные рамки постоянно расширяются, предоставляя людям широкие возможности выбора. Для участников семинаров материалы, трудолюбиво распространяемые лектором, сродни почетной медали, поэтому с ними трудно расстаться. Но когда я оказываюсь дома у таких пылких учащихся, я обнаруживаю, что эти материалы узурпируют значительную часть пространства, создавая в их комнатах гнетущую атмосферу.

Одной из моих клиенток была женщина немного за тридцать, она работала в рекламной компании. Стоило войти в ее комнату, как мне показалось, что я нахожусь в офисе. Мне бросились в глаза ряды папок с аккуратно отпечатанными заголовками. «Все это — материалы с семинаров, которые я посещала», — сказала она мне. Будучи фанатиком семинаров, по ее собственному выражению, она хранила и собирала в папки материалы со всех семинаров, на которых когда-либо побывала.

Люди часто уверяют: «Я хочу когда-нибудь заново перечитать эти материалы», — но большинство никогда этого не делают. Более того, у большин-

Посещая курсы,
настройтесь
после окончания
выбросить весь
раздаточный материал.

ства из них дома хранятся материалы множества семинаров на одни и те же или близкие темы. Почему? Потому что узнанное на семинарах не задержалось в голове. Я не хочу никого критиковать, просто указываю, почему не стоит сохранять материалы прошлых семинаров. Если содержание таких курсов не применяется на практике, они не имеют смысла. Ценность посещения курсов по повышению квалификации возникает в тот момент, когда мы начинаем их посещать, и главная задача — извлечь из них максимум пользы, применяя изученное на практике с того момента, когда курс заканчивается. Почему люди идут на существенные расходы, оплачивая такие курсы, когда могут прочесть ту же информацию в книге или еще где-нибудь? Потому что они хотят ощутить энтузиазм преподавателя и особую учебную атмосферу. Таким образом, истинный материал — это сам семинар или сходное событие, и усваивать его следует вживую.

Посещая курсы, делайте это с внутренней решимостью выбрасывать весь раздаточный материал. Если вам жаль его выбросить, тогда пройдите этот курс снова — и на этот раз примените изученное на практике. Это парадоксально, но я убеждена, что мы не способны применить изученное на практике именно потому, что цепляемся за такие материалы. Самая большая коллекция семинарских материалов, с которой я сталкивалась, составила 190 файловых папок. Нет необходимости говорить, что я заставила свою клиентку выбросить все их до последней.

как проводить уборку по категориям

выписки по кредитным картам

Еще один тип документов, которые нужно выбросить, — это все отчеты по вашим кредитным картам. Каково их предназначение? Для большинства людей они являются просто способом проверить, как расходовались деньги в течение конкретного месяца. Так что, как только вы проверили содержание этих документов, чтобы убедиться, что все правильно, и внесли эти цифры в свой домашний бухучет, отчеты выполнили свое предназначение, и вам следует их выбросить. Поверьте! Вам совершенно не нужно чувствовать себя виноватыми.

Вы можете придумать какой-нибудь еще случай, когда вам действительно понадобятся отчеты по кредитным картам? Можете ли вы представить себе, что приносите их в суд, чтобы доказать, сколько денег было снято? Этого никогда не случится, поэтому нет необходимости бережно хранить эти отчеты до конца вашей жизни. То же самое касается извещений о списаниях с вашего счета по оплате коммунальных услуг[1]. Будьте решительны и воспользуйтесь этой возможностью избавиться от них.

Из всех моих клиентов трудней всего выбрасывать бумаги было двоим, и оба они были юристами. Они то и дело задавали вопрос: «А что,

---

[1] В России, в отличие от Японии, хранение счетов за коммунальные услуги имеет смысл как минимум в течение года *(прим. ред.)*.

если этот документ понадобится в суде?» Поначалу их трудно было сдвинуть с мертвой точки, но под конец даже они смогли избавиться от всех своих бумаг, не испытывая при этом особых проблем. Если уж они смогли это сделать, сможете и вы.

гарантийные талоны на электротовары

Будь то телевизор или цифровая камера, все электрические приборы выпускаются с гарантией. Это наиболее стандартная категория документов в любом доме, причем такая, которую почти все складывают и хранят должным образом. Однако метод их организации почти правилен... почти, но не вполне.

Как правило, люди хранят гарантийные документы в прозрачных файловых папках или папках типа «аккордеон». Привлекательность этих органайзеров в том, что документы можно хранить в разных отделениях. Однако же в этом заключается и ловушка. Поскольку они так хорошо разделены, легко что-то проглядеть. Большинство людей хранят в одной и той же папке не только гарантийный талон, но и инструкцию по применению. Прежде всего начнем с того, что выбросим все эти инструкции. Взгляните на них. Вы когда-нибудь ими пользовались? Как правило, таких инструкций, которые нам действительно необходимо прочесть, немного;

это, например, инструкции к компьютеру или цифровой камере, а они настолько толстые, что в любом случае не влезут в папку. Так что, как правило, любые инструкции, вложенные в вашу гарантийную папку, можно выбросить, не создавая себе при этом никаких сложностей.

На данный момент все мои клиенты выбросили большинство своих инструкций по применению, включая инструкции для компьютеров и камер, и никто из них не сталкивался из-за этого ни с какими проблемами. Если проблема все же возникает, люди, как правило, могут разрешить ее самостоятельно, немного повозившись со своим устройством, а решение для всего, с чем они не могут разобраться сами, легко найти в Интернете или в месте приобретения товара. Так что, уверяю вас, все это можно выбросить без малейших последствий.

Вернемся к гарантийным талонам. Метод хранения, который я рекомендую, — вложить их все в одну-единственную прозрачную папку, не подразделяя на категории. Гарантийные талоны используются в лучшем случае раз в год, а то и вовсе никогда. Какой смысл тщательно сортировать и разделять их, когда так малы шансы, что они вообще понадобятся? Более того, если вы сложите их в файловую папку, вам придется переворачивать страницы, чтобы найти нужный гарантийный талон. В этом случае с тем же успехом можно хранить их все в одной папке, при необходимости вытаскивая всю стопку и пролистывая ее.

Если вы будете сортировать все слишком детально, это означает, что у вас будет меньше возможностей взглянуть на каждый гарантийный талон. Не успеете вы оглянуться, как гарантия уже кончится. Если же вам приходится перебирать их все, когда понадобится один из них, это становится прекрасной возможностью выявить те талоны, по которым истек срок гарантии. Таким образом вы избегаете хлопот по специальной проверке содержимого этой папки только ради этой цели, и часто вам даже не придется покупать прозрачные папки для хранения гарантийных талонов, потому что как минимум одна такая папка наверняка найдется в вашем доме. Наконец, при этом методе гарантийные талоны занимают примерно одну десятую пространства, которое требуется для привычных методов.

поздравительные открытки

В Японии принято посылать новогодние открытки, чтобы передать новогодние поздравления (у многих таких открыток на обороте есть лотерейные номера). Это означает, что каждая открытка выполнила свое предназначение в тот момент, когда получатель закончил ее читать. Как только вы проверили, не выиграли ли что-нибудь лотерейные номера на ваших открытках, вы можете выбросить эти открытки с чувством благодарности за то, что они передали вам знак участия и внимания отправителя. Если вы храните открытки ради адреса отправителя, чтобы поздравить его в следующем году, тогда храните их лишь в течение одного года. Выбрасывайте их, если им два года или больше, за исключением тех, которые наполняют радостью ваше сердце.

использованные чековые книжки

Использованные чековые книжки уже использованы. Вы больше не будете их просматривать, а даже если и будете, от этого количество денег в банке не увеличится, так что избавьтесь от них!

расчетные листы

Цель расчетных счетов — проинформировать вас о том, сколько вам заплатили за текущий месяц. Как только вы проверили их содержимое, их полезность исчерпана.

комоно
(категория «разное»;
часть I) храните вещи потому,
что вы их любите, —
а не «просто так»

Я выдвигаю ящик дома у одной клиентки и обнаруживаю в нем странную маленькую коробочку, которая так и просится, чтобы ее открыли, — как соблазнительная книга, обещающая некую увлекательную повесть. Но у меня она не вызывает никакого энтузиазма. Я точно знаю, что найду внутри. Пару мелких монет, заколки для волос, ластики, запасные пуговицы, части браслетов от часов, батарейки, уже использованные или еще нет, блистеры с оставшейся парой таблеток, талисманы и брелоки для ключей... Список может быть длинным. Я уже знаю, что ответит моя клиентка, когда я спрошу, почему эти вещи лежат в коробочке: «Просто так».

Ко многим предметам в доме люди относятся так же. Они складываются, хранятся и накапливаются «просто так», и люди обычно не особенно о них задумываются. Я называю эту категорию «комоно» — это слово в словаре японского языка определяется как «мелкие предметы; разные предметы; аксессуары; гаджеты или маленькие инструменты; части или приложения; незначительный человек». Неудивительно, что люди не знают, что делать с предметами, которые подпадают под эту туманную и всеобъемлющую категорию. И все же пора попрощаться с подходом «хранить просто так». Эти предметы играют важную роль в поддержке вашего образа жизни, поэтому они тоже заслуживают того, чтобы с ними разобрались поодиночке и правильно рассортировали.

В отличие от одежды или книг, эта категория включает широкий и разнообразный спектр предметов, и даже сама мысль о попытке рассортировать и организовать их может казаться мучительной. Однако, если вы будете разбираться с ними в верном порядке, эта задача в действительности окажется довольно простой. Базовый порядок для сортировки *комоно* таков:

- CD и DVD
- Товары для ухода за кожей
- Косметика
- Аксессуары
- Ценные предметы (паспорта, кредитные карты и т. д.)
- Электрические приборы и устройства (цифровые камеры, электрошнуры, все, что можно отнести в категорию «электротовары»)
- Приспособления для ведения домашнего хозяйства (канцелярские и письменные принадлежности, наборы для шитья и т. д.)
- Домашние запасы (такие расходные материалы, как лекарства, моющие средства, бумажные салфетки и т. д.)
- Товары для кухни и запасы продуктов
- Другое

(Если у вас имеется множество предметов, относящихся к определенной области интересов или хобби, например лыжная экипировка, выделите их в отдельную подкатегорию).

Я рекомендую этот конкретный порядок потому, что легче начать с более личных предметов и с предметов четко определенного содержания. Если вы живете в доме один, на самом деле нет необходимости беспокоиться о порядке сортировки, при условии, что вы будете разбираться с одной подкатегорией зараз. Слишком многие люди живут в окружении вещей, которые им не нужны, храня их «просто так». Я призываю вас провести инвентаризацию своих *комоно* и сохранить только те — я имею в виду, *только* те! — которые приносят вам радость.

МЕЛОЧЬ — девиз — «в кошелек»

У вас по дому тоже валяется мелочь — пара монеток на дне кармана, еще пара в задней части ящика или на столе? Помогая очередному клиенту привести дом в порядок, я неизменно нахожу монеты. Этих некоронованных королей категории *комоно* можно найти в прихожей, в кухне, в гостиной, в ванной, на поверхности предметов мебели и внутри ящиков. Несмотря на то что монеты — это тоже деньги, к ним относятся с гораздо меньшим уважением, чем к банкнотам. Мне кажется странным то, что их оставляют лежать повсюду в доме, где

как проводить уборку по категориям

они вообще не находят себе никакого применения.

Всякий раз, как мои клиенты отыскивают бесхозную мелочь, я забочусь о том, чтобы монетки сразу же отправлялись в их кошелек или бумажник — и ни в коем случае не в копилку. Монеты, в отличие от других категорий, не нужно собирать по всему дому. Вместо этого просто кладите монеты в бумажник всякий раз, как наткнетесь на них. Если вы бросаете их в копилку, то просто перемещаете деньги в такое место, где они будут по-прежнему лежать, всеми забытые. Люди, которые живут в одном и том же доме подолгу, особенно склонны забывать о своих маленьких заначках. Честно говоря, никто из знакомых мне людей, собиравших мелочь без четко сформулированной цели, ни разу ее не использовал. Если вы собираете монетки со смутной идеей о том, что было бы здорово проверить, сколько вы сможете таким образом накопить, то сейчас как раз самое время отнести их в банк. Чем дольше вы ждете, тем тяжелее будет мешок и тем «ленивее» вам будет относить их в банк.

Я также обратила внимание на то, что по какой-то необъяснимой причине многие мои клиенты начинают складывать монеты в мешочки, когда копилки переполняются. Спустя много лет, проходя у меня курс занятий, они натыкаются на такой мешочек, который только что не рвется от монет, где-нибудь в задней части комода. К этому времени ткань уже насквозь пропахла ржавчиной и плесенью, монеты теряют свой цвет и глухо звякают, вместо того чтобы весело звенеть. На этом этапе мои клиенты скорее будут игнорировать содержимое таких пакетов, чем использовать его. Даже писать об этом уже достаточно трудно, но видеть своими глазами монеты, полностью лишенные своего достоинства как платежного средства, — от этого просто сердце разрывается. Я умоляю вас спасти эти позабытые монетки, прозябающие где-то в вашем доме, усвоив девиз «все в кошелек!»

Кстати говоря, существует заметное различие в том, как обращаются с «заблудшей» мелкой монетой женщины и мужчины. Мужчины склонны ссыпать мелочь в карман или выкладывать ее на виду, например на прикроватную тумбочку или стол. Женщины, напротив, склонны складывать монетки в коробочки или мешочки и убирать в ящик. Складывается такое впечатление, что мужчина инстинктивно стремится быть готовым к реагированию на опасность, а женщина проявляет свой инстинкт к защите дома в способе обращения с мелочью. Эта мысль заставляет меня сделать паузу и задуматься над таинствами жизни и ДНК, пока я провожу свой очередной день, делясь с людьми магией уборки.

Просто кладите
монеты в кошелек
всякий раз,
как наткнетесь на них.

КОМОНО (категория «разное», часть II)

одноразовые вещи — вещи, которые хранятся «просто так»

Удивительно многие вещи сразу определяются как одноразовые, даже если вы не задаетесь вопросом: «Вызывает ли это радость?» Я уже указывала, как важно отказаться от таких вещей, с которыми трудно расстаться. Столь же важно, приводя свой дом в порядок, по-настоящему обратить внимание на те вещи, которые вы сохраняли без какой-либо особенной причины. Большинство людей на удивление не осведомлены о разных разностях, занимающих пространство в их домах.

подарки

Блюдо, полученное в подарок на свадьбу, которое до сих пор лежит в своей коробке наверху шкафа с фарфором. Брелок, который вам привезла как сувенир подруга и который так и лежит в ящике вашего письменного стола. Набор странно пахнущих благовоний, который подарили вам коллеги на день рождения... Что общего у всех этих вещей? Это — подарки. Человек, важный для вас, потратил свое драгоценное время, чтобы выбрать и купить их для вас. Они являются выражением любви и внимания. Их просто невозможно выбросить, верно?

Но давайте обдумаем этот вопрос внимательнее. Большинство таких подарков остаются неразвернутыми или используются лишь один раз. Признайте это. Они просто не соответствуют вашему вкусу. Истинное предназначение подарка — *быть принятым*. Подарки — это не «вещи», а средство передачи человеческих чувств. Если смотреть на дело с этой точки зрения, то нет необходимости испытывать чувство вины, выбрасывая чей-нибудь подарок. Просто поблагодарите его за ту радость, которую он вызывал у вас, когда вы его получили. Конечно, идеальной была бы ситуация, в которой вы могли бы пользоваться подарком с радостью. Но наверняка человек, который вам его вручил, не захочет, чтобы вы использовали его только из чувства долга или откладывали в сторону, не используя, мучаясь угрызениями совести при каждом взгляде на него. Выбрасывая такие вещи, вы делаете это и ради дарителя.

упаковки от мобильных телефонов

Коробки занимают удивительно много места. Выбрасывайте коробку, в которой купили телефон, как только распакуете его. Ни инструкция, ни компакт-диск, вложенные в упаковку, вам тоже не нужны. Способ пользования телефоном вы выясните, пользуясь им. Все мои клиенты выбрасывали эти вещи, но ни один из них никогда не испытывал ни малейших неудобств от их отсутствия. Если у вас действительно возникнет какая-то проблема, вы всегда можете обратиться за помощью к продавцу в магазине, где вы его купили. Гораздо проще попросить совета у профессионала, чем пытаться самостоятельно найти его в руководстве.

шнуры неопределенного назначения

Если вы видите какой-то шнур и гадаете, для чего он нужен, велика вероятность, что вы больше никогда не будете им пользоваться. Загадочные шнуры всегда остаются тем, что они есть, — загадкой. Вы беспокоитесь, что они понадобятся вам, когда что-нибудь сломается? Не беспокойтесь. Я видела не один дом, в котором хранятся бесчисленные дубликаты одного и того же типа шнура, но пук спутанных шнуров лишь затрудняет поиск нужного. В конечном счете оказывается проще купить новый. Сохраняйте только те шнуры, которые вы можете четко идентифицировать, а от остальных избавьтесь. Ваша коллекция с большой вероятностью содержит достаточно много шнуров от испорченных устройств, которые вы уже давно выбросили.

как проводить уборку по категориям

запасные пуговицы

Запасные пуговицы никогда вам не пригодятся. В большинстве случаев, когда пуговица отрывается, это признак того, что данная рубашка или блуза была любима и изношена «в хвост и гриву» и теперь достигла конца своей трудовой жизни. Что касается пальто и курток, которые вы хотите сохранить надолго, я рекомендую пришивать запасные пуговицы к подкладке сразу после покупки. Что касается других типов одежды, то, если вы теряете пуговицу и действительно хотите ее заменить, вы всегда можете найти то, что вам нужно, в больших магазинах товаров для рукоделия. Опираясь на свой опыт работы в этой сфере, я пришла к выводу, что, когда отрывается пуговица, люди часто не дают себе труда пришить другую, даже если у них есть запасные. Вместо этого они либо продолжают носить одежду без пуговицы, либо оставляют ее храниться где-то в шкафу. Если вы в любом случае не будете использовать запасные пуговицы, не имеет значения, выбросите ли вы их.

коробки от электроприборов

Некоторые люди хранят коробки от электроприборов потому, что думают, что получат больше денег за приборы, если надумают впоследствии их продать. Однако это пустая трата ресурсов. Если вы подсчитаете, сколько платите денег за то, что превращаете свое жилое пространство в хранилище пустых коробок, то обнаружите, что это обходится вам дороже, чем вы могли бы выручить, продавая устройства в коробках. Хранить коробки на случай переезда также не имеет смысла. О подходящих коробках можно будет побеспокоиться тогда, когда настанет время переезда. Это ужасно — позволять какой-то скучной коробке занимать место в вашем доме только потому, что она может вам однажды понадобиться.

сломанные телевизоры и радиоприемники

В домах своих клиентов я часто натыкаюсь на сломанные телевизоры и радиоприемники. Очевидно, что хранить их нет необходимости. Если у вас тоже есть такие сломанные электроприборы, рассматривайте уборку как возможность связаться с вашей местной компанией по утилизации мусора и избавьтесь от них.

постельные принадлежности для гостя, который никогда не приходит

Матрас или раскладушка, одеяло, подушка, пододеяльник, простыни... Набор принадлежностей для одного спального места занимает немалое пространство. Это еще один распространенный тип предметов, которые выбрасываются во время моих уроков, — и опять же, мои клиенты редко переживают по этому поводу. Хотя сто́ит иметь запасные постельные принадлежности, если у вас регулярно бывают гости и хватает пространства для их размещения, но в этом нет необходимости, если гости остаются ночевать не больше чем раз или два в год. Если вам действительно понадобится запасное спальное место, всегда можно взять его напрокат — это альтернатива, которую я настоятельно рекомендую. Постельные принадлежности, которые бесконечно долго хранятся в комоде, часто приобретают настолько неприятный запах, что вы бы все равно не выдали их гостям. Понюхайте — и убедитесь сами.

пробники косметики, приберегаемые для поездок

Есть ли у вас коллекция косметических пробников, которые год или больше пылятся в вашем доме без всякой пользы? Многие люди хранят их, чтобы использовать в поездках, но при этом никогда не берут их с собой во время путешествий. Я связывалась с несколькими производителями косметических товаров, чтобы расспросить о сроке годности таких продуктов. Ответы были разными. У одних такой срок составляет всего несколько недель, другие могут храниться год. Когда количество содержимого упаковки мало, как обычно бывает в пробниках, его качество снижается быстрее. А пользоваться косметикой с истекшим сроком годности (особенно если учесть, что от поездки вроде бы положено получать удовольствие) — несколько странно.

МОДНЫЕ ТОВАРЫ ДЛЯ ЗДОРОВЬЯ

Пояса для похудения, стеклянные бутылочки для смешивания ароматических масел, какая-то особенная соковыжималка, тренажер для снижения веса, который подражает движениям конской спины во время скачки... Кажется расточительством выбрасывать такие дорогие вещи, которые вы заказывали через Интернет, но так никогда и не использовали как следует. Поверьте мне, я понимаю ваши чувства. Но вы вполне можете от них отказаться. Восторг, который вы ощутили, когда купили их, — вот что имеет значение. Выразите этим вещам признательность за их вклад в вашу жизнь, сказав: *«Спасибо за прилив энергии, который вы подарили мне, когда я вас купила»* или *«Спасибо за то, что помогли мне стать чуточку стройнее»*. А потом избавляйтесь от них с убежденностью в том, что вы стали здоровее с тех пор, как купили их.

как проводить уборку по категориям

Бесплатные новинки

Салфетка для чистки экранов мобильных телефонов, которая шла «в довесок» к пиву в банках; шариковая ручка с названием вашего университета; веер, который вам вручили на каком-то мероприятии; талисман, прилагавшийся к бутылке с лимонадом; набор пластиковых стаканчиков, который вы выиграли в лотерею; стаканы с логотипом пивной компании; клейкие отрывные листочки с логотипом фармацевтической компании; папочка с пятью листами промокательной бумаги; рекламный календарь (до сих пор не вынутый из упаковки); карманный календарь (не использовавшийся до сих пор, а ведь уже середина года)... Ни одна из этих вещей не подарит вам никакого удовольствия. Выбрасывайте все их без раздумий.

сентиментальные вещи
родительский дом — не склад для ваших сувениров

Теперь, когда вы упорядочили свою одежду, книги, документы и *комоно*, пора, наконец, переходить к последней категории — предметам, имеющим сентиментальную ценность. Я оставляю ее напоследок, потому что эти вещи труднее всего выбрасывать. Как подразумевает само название, памятный сувенир — это напоминание о том времени, когда этот предмет доставлял нам радость. При мысли выбросить его возникает боязнь лишиться связанных с ним драгоценных воспоминаний. Но бояться не нужно. По-настоящему драгоценные воспоминания никогда не изгладятся, даже если вы выбросите предметы, связанные с ними. Подумайте о будущем: сто́ит ли сохранять сувениры на память о событиях, которые вы иначе забыли бы? Мы живем в настоящем. Каким бы замечательным ни было наше прошлое, в нем мы жить не можем. Гораздо важнее радость и восторг, которые мы ощущаем здесь и сейчас. Так что опять же лучший способ решить, что́ стоит сохранить, — брать каждый предмет в руки и спрашивать себя: «Вызывает ли это радость?»

Хочу рассказать вам об одной клиентке, которую я буду называть А. Она была 30-летней матерью двоих детей, а вся семья состояла из пяти человек. Когда я пришла к ней домой на наш второй урок, стало очевидно, что количество вещей в ее доме уменьшилось.

— Вы действительно как следует потрудились, — похвалила я. — Похоже, вы избавились от примерно тридцати мешков мусора.

С довольным видом она ответила:

— Да, так и есть! Я отослала все свои памятные вещи домой к маме.

Как проводить уборку по категориям

Я своим ушам не поверила. Она воспользовалась методом уборки, который называется «все ненужное сплавь родителям»! Когда я только-только начинала свой бизнес, я считала, что возможностью отсылать что-то «домой» пользуются только люди родом из больших семей, живущих в сельской местности. Многие мои клиентки были одинокими женщинами или молодыми матерями, живущими в Токио. Когда они спрашивали разрешения отослать свои лишние вещи домой к родителям, я отвечала: «Конечно! При одном условии — вы сделаете это прямо сейчас». Я не задумывалась об этом до тех пор, пока моя клиентура не расширилась, включив и домохозяйства в сельской местности. Когда я выяснила для себя истинное состояние таких родительских домов, я была вынуждена взять свои необдуманные слова обратно.

Теперь я понимаю, что людям, у которых есть некое удобное место для отсылки вещей, например родительский дом, в действительности очень не повезло. Даже если этот дом велик и в нем есть лишние комнаты, он не является неким бесконечно расширяющимся пространством четвертого измерения. Люди никогда не забирают обратно коробки, временно отосланные «домой». Однажды отосланные, они никогда больше не будут открыты.

Но вернемся к начатой мною истории. Спустя некоторое время на моих курсах стала заниматься мать А. Я понимала, что, если она собирается их окончить, нам придется сделать что-то с багажом, который А. отослала домой. Приехав домой к ее матери, я обнаружила, что комната А. оставлена неприкосновенной. Ее вещи заполняли книжный шкаф и комод, а теперь еще на полу расположились две большие коробки. Давнишней мечтой ее матери было иметь собственное пространство, в котором она могла бы расслабиться. Но несмотря на то что А. давным-давно уехала из родительского дома, ее вещи по-прежнему хранились в ее комнате, подобно какой-нибудь святыне, и единственным пространством, которое ее мать ощущала как полностью свое, была кухня. Мне это казалось совершенно неестественным. Я связалась с А. и объявила: «Вы и ваша мать не будете считаться окончившими мой курс, пока обе не разберетесь с теми вещами, которые вы оставили в родительском доме».

В день нашей встречи А. выглядела совершенно счастливой. «Теперь я до конца моих дней буду наслаждаться беззаботной жизнью!» — радостно сообщила она. А. съездила домой и привела свои вещи в порядок. В тех коробках она обнаружила свой дневник, фотографии бывших бойфрендов, целую гору писем и открыток... «Я просто обманывала саму себя, отсылая к родителям вещи, с которыми была не в силах расстаться. Теперь же, взглянув на каждый из этих предметов, я осознала, что прожила связанные

Стóит ли сохранять сувениры на память о событиях, которые вы иначе забыли бы?

с ними моменты в полной мере, и теперь могу поблагодарить эти сувениры за ту радость, которую они мне тогда дарили. Когда я их выбросила, у меня было такое ощущение, что я впервые в жизни по-настоящему взглянула в лицо своему прошлому».

И это верно. Беря в руки каждый обладающий сентиментальной ценностью предмет и решая, что из них нужно выбросить, вы прорабатываете свое прошлое. Если вы просто спихнете эти вещи с глаз долой в ящик или картонную коробку, то не успеете оглянуться, как ваше прошлое станет бременем, которое тормозит вас и не дает жить «здесь и сейчас». Привести свои вещи в порядок означает также привести в порядок и свое прошлое. Это значит «перезагрузить» свою жизнь и разобраться со «счетами», чтобы можно было сделать следующий шаг вперед.

фотографии цените себя такими, каковы вы сейчас

Последняя группа предметов в категории имеющих сентиментальную ценность — это фотографии. Разумеется, у меня есть веская причина оставлять фотографии напоследок. Если вы сортировали и выбрасывали вещи в том порядке, который я рекомендовала, тогда наверняка вы натыкались на фотографии в самых разных местах, к примеру между книгами на книжной полке, в ящике стола или в шкатулке с разными разностями. Хотя многие из них уже вставлены в альбомы, я уверена, что вы нашли пару-тройку фотографий, вложенных в какое-нибудь письмо или до сих пор не вынутых из конверта фотоателье. (Понятия не имею, почему столь многие люди оставляют фотографии в этих конвертах.) Поскольку фотографии склонны находиться в самых неожиданных местах, когда мы сортируем другие категории, гораздо эффективнее будет складывать их в специально отведенное место всякий раз, как вы их находите, и разбираться со всеми ними в самом конце уборки.

Есть и еще одна причина, по которой я оставляю фотографии напоследок. Если вы возьметесь за сортировку фотографий до того, как отточите свое интуитивное ощущение радости от вещей, весь процесс сортировки выйдет из-под контроля и застопорится. И наоборот, если вы последуете правильному порядку уборки (то есть — одежда, книги, документы, *комоно*, затем предметы, обладающие сентиментальной ценностью), сортировка пойдет гладко, и вы просто изумитесь собственной способности делать выбор на основе того, что доставляет вам удовольствие.

Есть только один способ сортировать фотографии, и вам следует помнить, что на это потребуется некоторое время. Правильный метод — вынуть все фотографии из альбомов и разглядывать их по одной. Те, кто начинает протестовать, говоря, что это слишком долгая работа, — это люди, которые никогда по-настоящему не сортировали фотографии. Фотографии существуют лишь для того, чтобы запечатлеть какое-то конкретное событие или момент. По этой причине их и нужно просматривать одну за другой. Делая это, вы сами удивитесь тому, как четко вы способны различить разницу между фотографиями, которые трогают ваше сердце, и теми, которые на это не способны. Как и всегда, сохраняйте лишь те, которые дарят вам радость.

С помощью этого метода вы оставите у себя только около пяти фотографий на каждый день какой-нибудь памятной поездки, но они будут настолько репрезентативны, что позволят вам ярко восстанавливать в памяти все остальное. По-настоящему важных событий не так уж много. Безликим пейзажам, местоположение которых вы даже не можете вспомнить, место в мусорной корзине. Смысл фотографий заключается в воодушевлении и радости, которые вы ощущаете, беря их в руки. Во многих случаях отпечатанные спустя некоторое время после съемки фотографии уже пережили свое предназначение.

Иногда люди хранят целую кипу фотографий в большой коробке, намереваясь наслаждаться их просмотром когда-нибудь потом, когда они постареют. Могу с гарантией сказать вам, что это «когда-нибудь» никогда не наступит. Я даже не смогу сосчитать, сколько коробок с неразобранными фотографиями мне приходилось видеть среди вещей, оставленных в наследство умершими людьми. Типичный разговор с моими клиентами разворачивается примерно таким образом:

— А что в этой коробке?

— Фотографии.

— Тогда их можно оставить для сортировки в самом конце.

— Ой, но это же не мои фотографии! Они принадлежали моему дедушке.

Этот разговор меня каждый раз печалит. Я не могу не задумываться о том, что жизнь покойных людей была бы намного богаче, если бы место, занимаемое этой коробкой, было освобождено еще тогда, когда они были живы. Кроме того, негоже нам заниматься сортировкой фотографий, когда мы достигнем старости. Если вы тоже оставляете эту задачу до того времени, когда удалитесь на покой, — не ждите. Решите ее сейчас. Фотографии доставят вам гораздо больше удовольствия в старости, если будут к тому времени храниться в альбоме, чем если вам придется передвигать и сортировать тяжелую коробку.

Еще одна категория предметов, которые так же трудно выбросить, как фотографии, — это памятные подарки от детей. Подарок на День отца со словами «Спасибо, папа!». Картинка, которую нарисовал ваш сын, выбранная учителем для выставки в школьном холле, или поделка, созданная дочерью. Если эти вещи по-прежнему дарят вам радость, тогда стоит их сохранить. Но если ваши дети уже выросли и вы храните все эти вещи только потому, что вам кажется, будто, выбросив их, вы раните чувства детей, задайте им прямой вопрос. Весьма вероятно, что они скажут: «Как? Ты по-прежнему их хранишь? Давай выбросим, пора от этого избавляться».

А как насчет вещей, связанных с вашим собственным детством? Вы по-прежнему храните школьные табели или экзаменационные сертификаты? Когда моя клиентка вытащила из шкафа школьную форму, которую она носила сорок лет назад, я почувствовала, что даже мое сердце сжалось от эмоций. Но все равно это надо выбросить. Выбросите все те письма, которые вы получили много лет назад от подруги или бойфренда. Предназначение письма было исполнено в тот момент, когда вы его получили. К сегодняшнему дню человек, который его написал, давным-давно позабыл, что именно он писал, и вероятнее всего, даже не помнит о существовании этого письма. Что касается аксессуаров, которые вы получили в качестве подарков, сохраняйте их лишь в том случае, если они вызывают у вас чистую радость. Если вы храните вещь потому, что не можете забыть бывшего возлюбленного, пора ее выбросить. Цепляться за нее — значит повышать вероятность того, что вы упустите возможности новых отношений.

Дорожить нужно не воспоминаниями, а той личностью, которой мы стали в результате прошлого опыта. Это урок, который преподают нам памятные вещи, когда мы их сортируем. Пространство, в котором мы живем, должно быть предназначено для личности, которой мы становимся сейчас, а не для того человека, которым мы были в прошлом.

поразительные склады вещей, которые мне случалось видеть

Когда я помогаю клиентам приводить их дома в порядок, меня часто поджидают два типа сюрпризов: это, с одной стороны, в высшей степени необычные предметы, а с другой — количество вещей. С первым типом сюрпризов я сталкиваюсь каждый раз. Это может быть микрофон, которым пользовался популярный певец, или новейшее кулинарное оборудование, принадлежащее человеку, который любит готовить. Каждый день готовит мне восхитительные встречи с неведомым. Это естественно, поскольку интересы и профессии у моих клиентов совершенно разные.

Настоящий же шок случается тогда, когда я обнаруживаю огромный склад самых простых предметов, которые можно найти в любом доме. В процессе работы я всегда заношу в блокнот чистый объем различных предметов, принадлежащих моим клиентам, и обращаю особенное внимание на классификацию таких складов, потому что в этом разделе постоянно появляются новые записи. Например, однажды я обнаружила в доме клиентки огромную коллекцию зубных щеток. На момент нашего знакомства их количество составляло 35 штук. Даже эта коллекция показалась мне слишком большой. «Возможно, щеток у вас несколько больше, чем нужно», — осторожно заметила я, и мы вместе посмеялись. Но новый рекорд намного превзошел прежний. У следующей моей клиентки было 60 зубных щеток! Красиво расставленные в коробочках в шкафчике под раковиной, они выглядели как произведение искусства. Интересно, каким образом человеческий разум пытается осмыслить даже явную бессмыслицу! Я поймала себя на том, что прикидываю, уж не изводит ли она по целой щетке в день, чересчур усердно чистя зубы, а может быть, для каждого зуба у нее отдельная щетка...

как проводить уборку по категориям

Еще одним таким сюрпризом был склад из 30 коробок пищевой пленки. Я открыла шкафчик над кухонной раковиной — и обнаружила, что он целиком заполнен картонными коробочками, похожими на большие желтые кубики конструктора *Lego*. «Я пользуюсь пищевой пленкой каждый день, поэтому она быстро заканчивается», — объяснила моя клиентка. Но даже если она использовала одну коробку в неделю, этого запаса хватило бы больше чем на полгода. В стандартных упаковках содержится по 20 метров такой пленки. Для того чтобы использовать одну трубку в неделю, пришлось бы 66 раз накрыть тарелку диаметром в 30 см, и это если расходовать пленку щедро. От одной только мысли о том, что надо вытягивать и отрывать пленку такое количество раз, у меня случился приступ синдрома запястного канала.

Что касается туалетной бумаги, на данный момент рекордный склад насчитывал 80 рулонов. «Видите ли, у меня слабый кишечник... Я очень быстро ее использую» — таков был аргумент клиентки. Но даже если она использовала по рулону в день, у нее был запас по крайней мере на три месяца. Я не уверена, что она смогла бы использовать по рулону в день, даже если бы вообще не выходила из туалета, да и «пятую точку» при таком режиме можно стереть до кости. У меня даже мелькнула мысль, что следовало бы подарить ей смягчающий крем, вместо того чтобы давать уроки уборки.

Однако абсолютным рекордом был склад из 20 тысяч ватных палочек: коробка со ста упаковками по 200 палочек в каждой. Если бы моя клиентка использовала по одной палочке в день, ей потребовалось бы 55 лет, чтобы израсходовать весь запас. К этому времени она стала бы непревзойденным мастером чистки ушей. А последняя палочка, использованная в последний день расходования этого запаса, казалась бы почти священной.

Возможно, такие рассказы кажутся невероятными, но я вас не разыгрываю. Самое странное, что ни одна из этих клиенток даже не сознавала, насколько велики ее запасы, пока не начала приводить свой дом в порядок. И хотя эти запасы были чудовищно велики, им всегда казалось, что этих предметов у них недостаточно, и они все время боялись, что запас закончится. Что касается людей со склонностью делать «стратегические» запасы, не думаю, что какой угодно их объем заставил бы этих людей позабыть о своих тревогах. Чем больше у них есть, тем больше они беспокоятся, что запас кончится, и тем сильней становится их тревожность. Даже если у них остается две упаковки в запасе, они все равно пойдут в магазин и купят еще пять.

В отличие от ситуации с магазинными поставками, если у вас закончится запас каких-то предметов дома, в этом нет ничего страшного. Да,

Хранить подарки
бывшего возлюбленного —
значит упускать
возможность
новых отношений.

могут возникнуть временные трудности, но никакой непоправимый вред не будет нанесен. Но как же нам быть с такими стратегическими запасами, если они уже есть? Хотя кажется, что наилучшее решение — использовать все имеющееся, во многих случаях речь идет о продуктах, у которых вышел срок годности, и их необходимо выбросить. Я настоятельно рекомендую вам немедленно избавляться от излишних запасов. Раздайте их друзьям, которым они нужны, пожертвуйте на благотворительность или отнесите в пункт сбора вторсырья. Вам может показаться, что это пустая трата денег, но уменьшение запасов и избавление себя от бремени избыточности — самый быстрый и самый эффективный способ привести ваши вещи в порядок.

Как только вы ощутите свободу жизни без лишних запасов, вам не захочется от нее отказываться, и вы естественным образом перестанете накапливать запасы.

Мои клиентки рассказывают мне, что теперь жизнь стала для них гораздо приятнее, потому что, когда у них заканчиваются запасы чего-нибудь «нужного», они развлекаются проверяя, сколько удастся без этого предмета продержаться, или пытаются заменить его чем-то другим. Важно оценить, сколько всего вещей у вас сейчас есть на руках, и избавиться от излишков.

как проводить уборку по категориям

сокращайте «до щелчка»

Сортируйте по категориям, придерживаясь правильного порядка, и сохраняйте лишь те предметы, которые вызывают радость. Делайте это тщательно и быстро, в один прием. Если вы последуете этому совету, то существенно уменьшите объем вещей, которые вам принадлежат, ощутите чувство свежести, неведомое прежде, и обретете уверенность в своей жизни.

Каково идеальное количество личных вещей? Думаю, что большинство людей этого не знают. Если вы прожили в Японии всю свою жизнь, вы почти наверняка окружены бо́льшим количеством вещей, чем вам необходимо. Поэтому многим людям трудно представить, сколько всего вещей нужно, чтобы жить с комфортом. Сокращая количество своих пожитков путем уборки, вы придете к тому моменту, когда внезапно поймете, сколько и чего именно вам нужно. Вы почувствуете это так же отчетливо, как если бы у вас в голове щелкнул невидимый переключатель, и скажете: «Ах! Это как раз то количество, которое мне нужно, чтобы жить комфортно! Это все, что мне нужно, чтобы быть счастливым. Больше мне ничего не нужно». Удовлетворение, которое вы испытаете в этот момент, почти осязаемо. Я называю его «точкой щелчка». И вот что интересно: когда вы минуете эту точку, вы обнаружите, что количество принадлежащих вам вещей больше не увеличивается. И именно поэтому вам никогда не будет грозить эффект обратного действия.

«Точка щелчка» у каждого бывает разной. У любительницы обуви она может находиться в районе 100 пар, а книголюбу может быть ничего не нужно, кроме книг. У некоторых людей вроде меня удобной домашней одежды намного больше, чем «выходной», а другие предпочитают дома ходить голышом и поэтому не имеют вообще никакой домашней одежды. (Вы бы не поверили, узнав, сколько людей относится к этой последней категории!)

Приведя свой дом в порядок и уменьшив количество пожитков, вы увидите, в чем заключаются ваши истинные ценности, что́ по-настоящему важно для вас в жизни. Но ради этого не стоит углубляться в изучение методов сокращения числа вещей или их эффективного хранения. Вместо этого выбирайте только те вещи, которые дарят вам радость, и наслаждайтесь жизнью соответственно своим собственным стандартам. В этом и состоит истинное удовольствие уборки. Если вы еще не добрались до «точки щелчка», не переживайте.

Значит, процесс сокращения еще не завершен. Подходите к этой работе с уверенностью в своих силах.

слушайтесь интуиции — и все будет хорошо

«Выбирайте те вещи, которые вызывают радость, когда вы к ним прикасаетесь».

«Развешивайте те вещи, которые будут лучше чувствовать себя на плечиках».

«Не бойтесь выбросить слишком много. Настанет момент, когда вы поймете, сколько именно вещей вам нужно».

Если вы дочитали мою книгу до этого места, то, вероятно, заметили, что в моем методе чувства являются определяющими для принятия решений. Многих людей озадачивают такие туманный критерии, как «вещи, от которых вас охватывает трепет удовольствия» или «точка щелчка». Большинство других методов предлагают четко определенные измеряемые цели, например «выбрасывайте все, чем вы не пользовались в течение двух лет», или «семь пиджаков и десять блуз — идеальное количество», или «выбрасывайте по одной вещи каждый раз, когда покупаете что-нибудь новое». Но я полагаю, что именно по этой причине такие методы и приводят к эффекту обратного действия.

Даже если эти методы и приводят к временному упорядочиванию пространства, автоматическое следование критериям, предложенным другими и основанным на их «ноу-хау», не будет давать продолжительного эффекта — за исключением тех случаев, когда их критерии случайно совпадут с вашими собственными стандартами относительно того, что «правильно». Только вы можете знать, какого рода обстановка делает вас счастливыми. Акт сортировки и отбора предметов — процесс в высшей степени личный. Чтобы избежать эффекта обратного действия, вам необходимо создать свой собственный метод уборки по своим собственным стандартам. Именно поэтому так важно определить, что вы чувствуете по отношению к каждому предмету, находящемуся в вашей собственности.

Тот факт, что вы обладаете избытком вещей, которые не можете заставить себя выбросить, не означает, что вы о них хорошо заботитесь. Более того, верно как раз обратное. Сократив их количество ровно до того объема, с которым вы сможете должным образом управляться, вы придаете жизни и энергии своим отношениям с принадлежащими вам вещами. То, что вы что-то выбрасываете, не означает, что вы тем самым отказываетесь от прошлых переживаний или собственной индивидуальности. Благодаря процессу отбора только тех вещей, которые вызывают у вас радость, вы можете точно определить, что вы любите и что вам необходимо.

Когда мы честно смотрим в лицо принадлежащим нам вещам, они пробуждают в нас множество эмоций. Эти чувства реальны. Это чувства, которые дарят нам энергию для жизни. Поверьте тому, что говорит вам ваше сердце, когда вы задаетесь вопросом: «Вызывает ли это радость?» Действуя с опорой на интуицию, вы удивитесь, увидев, как вещи начнут вступать в контакт с вами и какие разительные последуют перемены. Будет такое ощущение, словно вашей жизни коснулось волшебство. Приведение вашего дома в порядок — та магия, которая создает яркую и счастливую жизнь.

как хранить вещи
для восхитительной жизни

отведите для каждой вещи особое место

楽

Вот обычный ритуал, которому я следую каждый день, приходя домой с работы. Вначале отпираю дверь и объявляю своему дому: «Я дома!» Подобрав с пола пару туфель, которые я носила вчера и оставила в прихожей, я говорю: «Большое вам спасибо за ваш упорный труд», — и убираю их в шкаф для обуви. После этого я снимаю обувь, в которой ходила сегодня, и аккуратно ставлю ее в прихожей. Направившись в кухню, я ставлю греться чайник и иду в спальню. Там я аккуратно ставлю сумку на мягкий коврик из овечьей шкуры и снимаю одежду, в которой ходила на работу. Я развешиваю платье и пиджак на плечиках, говорю им: «Молодцы!» — и временно вешаю на ручку шкафа-гардероба. Кладу колготки в корзинку для грязного белья, которая стоит в верхнем правом углу шкафа-комода, выдвигаю ящик, выбираю одежду, которую мне хочется надеть дома, и одеваюсь. Здороваюсь с комнатным растением, выросшим мне до пояса и стоящим у окна, и поглаживаю его листики.

Моя следующая задача — выложить содержимое сумки на коврик и убрать все вещи на свои места. Вначале я вынимаю все чеки. Затем со словами благодарности выкладываю кошелек на отведенное ему место в ящике под кроватью. Рядом с ним кладу проездной на электричку и свои визитки. Убираю наручные часы в розовую антикварную шкатулку в том же ящике, а ожерелье и сережки кладу на подносик для украшений, стоящий рядом с ней. Прежде чем закрыть ящик, говорю: «Спасибо за все, что вы для меня сегодня сделали».

После этого я возвращаюсь в прихожую и убираю книги и блокноты, которые носила с собой весь день (одну из полочек для обуви в обувном шкафу я превратила в книжную). С полочки чуть ниже я достаю свой мешочек для чеков и вкладываю в него чеки. Позади него ставлю цифровую камеру, которую использую для работы; все пространство рядом с ней предназначено для электроприборов. Бумаги, которые мне больше не нужны, отправляются в коробку для вторсырья под кухонной вешалкой. В кухне я завариваю себе чашку чаю, одновременно проверяя почту, и выбрасываю письма, с которыми уже разобралась.

Возвращаюсь в спальню, кладу пустую сумку в пакет и убираю на верхнюю полку гардероба, говоря: «Ты отлично поработала. Отдохни как следует». С того момента, как я вошла в дверь, и до того, как закрыла свой гардероб, прошло всего лишь пять минут. Теперь я могу вернуться в кухню, налить себе чаю и расслабиться.

Я рассказываю вам это не из желания похвалиться своим прекрасным стилем жизни, но скорее для того, чтобы продемонстрировать, каково это — когда у каждой вещи есть свое особое место. Поддержание своего пространства в порядке становится привычкой. Его можно осуществлять без усилий, даже когда вы приходите домой, устав после работы, и оно дает вам больше времени, чтобы по-настоящему наслаждаться жизнью.

Смысл определения конкретных мест для хранения вещей состоит в том, чтобы свое место было у *каждой из них*. Возможно, вы сейчас думаете: «Для того чтобы сделать это, мне понадобится целая вечность», — но не стоит нервничать. Хотя кажется, что определить место для каждой вещи сложно, на деле это гораздо проще, чем решить, что оставить, а что выбросить. Поскольку вы уже решили, какие именно предметы хотите сохранить, и поскольку все эти предметы принадлежат к одной категории, единственное, что вам осталось сделать, — это хранить их рядом друг с другом.

Почему так важно, чтобы у каждой вещи было свое место? Потому что существование «беспризорной» вещи умножает шансы на то, что ваше пространство снова станет захламленным. Скажем, к примеру, у вас есть полка, на которой ничего не лежит. Что произойдет, если кто-то оставит на этой полке предмет, для которого нет специально отведенного места? Этот единственный предмет и станет причиной вашего краха. Не успеете вы оглянуться, как это пространство, которое создавало ощущение порядка, будет завалено вещами, как будто одна из них завопила: «Э-ге-гей, бегом все сюда!»

Свое место для каждой вещи нужно определить всего лишь один раз. Попробуйте! Результаты вас изумят. Вы перестанете покупать больше, чем вам нужно. Принадлежащие вам вещи больше не будут накапливаться. Более того, ваши «стратегические» запасы сократятся. Сущность эффективного хранения заключается в следующем: выделите особое место для каждой из своих вещей. Если вы проигнорируете этот базовый принцип и начнете экспериментиро-

Определите,
где надлежит находиться
вашим вещам,
и, заканчивая ими
пользоваться,
убирайте их на место.

вать с широким спектром идей по хранению, которые рекламируют другие люди, вы об этом пожалеете. Эти «решения» для хранения в действительности являются лишь способом похоронить вещи, которые не вызывают никакой радости.

Одна из главных причин эффекта обратного действия — неумение определить место для каждого предмета. И куда же вы будете класть вещи после использования, если таких мест у них нет? Но, решив этот вопрос, вы сможете поддерживать порядок в своем доме. Поэтому определите, где надлежит находиться вашим вещам, и, заканчивая ими пользоваться, убирайте их на место. Это — главное требование для хранения.

вначале выбрасываем, остальное храним

Участники моих курсов несказанно удивляются, когда я показываю им фотографии домов моих клиентов, как говорится, «до и после». Самая распространенная реакция — «эта комната кажется такой голой!». Верно. Во многих случаях мои клиенты предпочитают не оставлять никаких вещей на полу и ничем не загораживать линию прямой видимости. Из их комнат могут исчезать даже книжные шкафы. Но это не означает, что они выбросили все свои книги. Скорее теперь книги могут прятаться в комоде.

Размещение книжных полок внутри больших шкафов-комодов — одна из моих стандартных практик хранения. Если ваш комод уже переполнен, вам может казаться, что книжные полки туда ни в коем случае не поместятся. Честно говоря, около 99 процентов моих читателей выражают те же сомнения. Но в действительности в нем может быть полным-полно места.

На самом деле пространства для хранения в вашей комнате вполне достаточно. Я и не упомню, сколько раз люди жаловались мне, что у них мало места, но мне еще ни разу не случалось видеть дом, в котором не было бы достаточно места для хранения. В действительности проблема состоит в том, что мы имеем гораздо больше вещей, чем хочется или нужно. Как только вы научитесь правильно проводить отбор среди своих вещей, у вас останется лишь то их количество, которое идеально поместится в имеющемся на данный момент пространстве. В этом и состоит истинная магия уборки. Это может показаться невероятным, но мой метод — сохранять лишь то, что вызывает радость, — действительно работает с такой точностью. Именно поэтому необходимо начинать с избавления от ненужного. Как только вы это сделали, решить, куда сложить оставшиеся вещи, уже не составляет труда, поскольку после сокращения у вас останется треть или даже четверть того, с чем вы начинали. И наоборот, как бы усиленно вы ни убирали, как бы ни был эффективен метод хранения, если вы начнете убирать вещи на хранение *до того*, как избавитесь от излишков, вам грозит эффект обратного действия. Я это знаю, потому что со мной такое тоже случалось.

Да, даже со мной. Несмотря на то что я предостерегаю вас против попыток заделаться экспертами по хранению, несмотря на то что я призываю вас забыть о хранении до тех пор, пока вы не сократите объем своих пожитков, не так давно 90 процентов моих мыслей были сосредоточены исключительно на хранении. Я начала всерьез задумываться об этой проблеме с пяти лет, так что эта сторона моей деятельности живет даже дольше, чем страсть к избавлению от ненужного, которой я заразилась, уже будучи подростком. В тот период я проводила бо́льшую часть времени с книжкой или журналом в одной руке, пытаясь другой применить на практике все возможные методы хранения — и совершая все возможные ошибки.

В собственной комнате, в комнатах моего брата и сестры, даже в школе я проводила свои дни, изучая то, что лежало в ящиках и комодах и передвигая вещи, порой на несколько миллиметров за один раз, пытаясь найти идеальное расположение для них. «Что случится, если я передвину эту коробочку вон туда?», «Что случится, если я выну этот тройник?». Где бы мне ни случалось оказаться, я закрывала глаза и пыталась мысленно перераспределить содержимое комода или комнаты так, словно это были детали головоломки. Проведя свою юность в погружении в эту тему, я «купилась» на иллюзию о том, что хранение — это своего рода интеллектуальное состязание, цель которого — понять, сколько вещей можно втиснуть в пространство для хранения с помощью рациональной организации. Если между двумя предметами мебели был промежуток, я втискивала туда приспособление для хранения и набивала его вещами, наслаждаясь триумфом, когда его пространство заполнялось. В процессе этого я начинала рассматривать вещи и даже собственный дом как противника, которого мне нужно победить, и постоянно пребывала в некоем бойцовском режиме.

хранение: стремитесь к максимальной простоте

Начиная собственный бизнес, я исходила из предпосылки о том, что должна демонстрировать людям свою способность придумывать волшебные методы хранения — те хитрые решения, которые можно увидеть в журналах, например набор полочек, идеально втискивающихся в крохотное пространство, которое никому другому и в голову не пришло бы использовать. У меня была странная убежденность в том, что это единственный способ удовлетворить моих клиентов. Однако в конечном счете оказалось, что все эти хитрые методы хранения крайне непрактичны и служат лишь для того, чтобы тешить эго дизайнера.

Приведу один пример: однажды, когда я помогала упорядочивать дом одной своей клиентки, я наткнулась на поворотный столик, очень похожий на тот механизм, который используется в китайских ресторанах. Изначально он служил основанием для микроволновки, но самой печки в доме уже давным-давно не было. Как только я его увидела, мне пришла в голову блестящая идея превратить его в приспособление для хранения. Мне было трудно решить, где его можно использовать, поскольку он был достаточно широкий и высокий, но потом моя клиентка упомянула, что у нее столько соусов для салатов, что она не знает, как их организовать. Я открыла буфет, на который она указала, и действительно, он оказался сплошь заполненным бутылочками с заправками для салата. Я все их вынула и попыталась вставить внутрь поворотный столик. Он поместился идеально. Я загрузила его бутылочками — и дело было сделано! У меня появилось пространство для хранения, которое выглядело так же аккуратно и привлекательно, как магазинная витрина. Хозяйка могла добраться до любой бутылочки, стоявшей сзади, просто повернув столик. Как удобно! Моя клиентка была в восторге, и казалось, что все идеально.

Но почему у нас
так много вещей?
Обычно потому,
что мы не очень хорошо
представляем,
сколько всего нам
на самом деле нужно.

Прошло не так много времени, и я осознала свою ошибку. Во время нашего следующего урока я заглянула в кухню. Хотя бо́льшая часть ее по-прежнему оставалась аккуратной и убранной, открыв дверцу буфета, где стояли салатные заправки, я увидела, что внутри-то как раз и спрятался беспорядок. Когда я спросила о его причинах, клиентка объяснила, что каждый раз, когда она вращает поворотный столик, бутылочки соскальзывают и падают. Кроме того, бутылочек оказалось слишком много, поэтому она выставила не поместившиеся на столик рядом с ним, из-за чего его стало труднее вращать.

Как видите, я была настолько сосредоточена на желании использовать этот столик, чтобы создать отличное пространство для хранения, что упустила из виду то, что предполагалось на нем хранить, — бутылочки, которые с легкостью соскакивают и переворачиваются. Как следует обдумав ситуацию, я также осознала, что никому не нужен частый доступ в заднюю часть буфета, поэтому никакой необходимости в поворотном столике нет. Кроме того, круглые формы занимают слишком много места и создают неиспользуемое пространство, что делает их непригодными для хранения. В конечном счете я вынула поворотный столик, поставила бутылочки в квадратную коробку и вернула их в буфет. Этот метод был непритязательным и распространенным, но моя клиентка сказала, что им пользоваться удобнее. В результате я пришла к выводу, что методы хранения должны быть как можно более простыми. Нет смысла придумывать изощренные стратегии. Когда возникают сомнения, задайте своему дому и предмету, о котором идет речь, вопрос, каким будет наилучшее решение для них.

Большинство людей понимают, что захламленность создается слишком большим количеством вещей. Но почему у нас так много вещей? Обычно потому, что мы не очень хорошо представляем, сколько всего нам на самом деле нужно. А из-за того, что наши методы хранения слишком сложны, мы еще и не понимаем, сколько вещей у нас есть. Способность избегать скопления излишних запасов зависит от способности упрощать хранение. Секрет поддержания помещения в незахламленном состоянии заключается в стремлении к крайней простоте в хранении, чтобы с одного взгляда можно было сказать, сколько всего у вас есть. Я говорю о максимальной простоте не без причины. Невозможно припомнить каждый предмет, который у нас есть, даже если мы упрощаем методы хранения. В моем собственном доме, где я изо всех сил стараюсь упрощать хранение, все равно есть позабытые предметы, и я порой натыкаюсь на них в шкафу или ящике. Если бы мои методы хранения были чуть более сложными, например если бы я делила все вещи на три уровня соответственно частоте использования или сезону, уверена, что гораздо больше предметов остались бы прозябать в безвестности. А если это так, имеет смысл сделать хранение как можно более простым.

не устраивайте места для хранения по всему дому

По описанным выше причинам мой метод хранения крайне прост. У меня есть только два правила: хранить все предметы одного типа в одном месте и не давать местам для хранения расползаться по дому.

Существует лишь два способа классификации личных вещей: по типу предметов и по человеку. Это легко понять, если мысленно сопоставить человека, который живет один, и человека, который живет с семьей. Если вы живете в одиночестве или у вас есть собственная комната, хранение не создает никаких трудностей — просто отведите одно конкретное место для каждого конкретного типа предметов. Категории можно свести к минимуму, следуя тому порядку, который предложен мною для сортировки вещей. Начните с одежды, затем переходите к книгам, документам, *комоно* и, наконец, к сувенирам или предметам, имеющим сентиментальную ценность. Если вы разбираете вещи в этом порядке, то сможете убирать каждую категорию на хранение в отведенное для нее место сразу же, как только выберете, что хотите сохранить.

Классификация может быть даже еще более свободной. Вместо того чтобы распределять свои вещи по детализированным типам, используйте сходство материалов, например «из ткани», «из бумаги» и «всё электрическое», и, исходя из этих критериев, выберите определенное место для каждой категории. Это гораздо проще, чем пытаться представить, где можно использовать этот предмет или как часто вы будете его использовать. Благодаря моему методу вы сможете классифицировать свои вещи более точно.

Если вы выбираете вещи по принципу того, что трогает ваше сердце, то поймете, что я имею в виду, поскольку уже собирали предметы по категориям, раскладывали их все в одном месте и брали их в руки, чтобы принять решение. Проведенная вами работа отточила вашу способность почувствовать, какие вещи должны быть вместе, и выбрать подходящие для них места хранения.

Если вы живете с семьей, то вначале четко определите отдельные места хранения для каждого члена семьи. Это крайне важно. Например, вы можете выделить отдельные углы для себя, своего партнера и ваших детей, а после хранить то, что принадлежит каждому человеку, в его собственном углу. Вот и все, что нужно сделать. Важно здесь отвести каждому человеку только одно место — если это вообще возможно. Иными словами, хранение должно быть сфокусировано в одном месте. Если места хранения распространены по всему дому, то весь дом мгновенно захламляется. Концентрация вещей, принадлежащих человеку, в одном месте, — наиболее эффективный способ хранить вещи в аккуратном виде.

Однажды у меня была клиентка, которая попросила помочь ее дочери стать аккуратной. Девочке было три года. Придя к ним домой, я обнаружила, что вещи, принадлежащие дочери, хранятся в трех разных местах: одежда — в ванной, игрушки — в гостиной, а книги — во второй гостиной. Следуя базовым принципам сортировки и хранения, мы собрали все вещи в одной комнате. С этого момента девочка начала самостоятельно выбирать одежду, которую хотела надеть, и убирать вещи туда, где им надлежало быть. Хотя именно я давала им все эти инструкции, я была удивлена. Даже трехлетний ребенок способен быть опрятным!

Наличие собственного пространства делает человека счастливым. Как только вы почувствуете, что оно принадлежит вам лично, вы захотите поддерживать его в порядке. Даже если трудно выделить каждому собственную комнату, найти для каждого собственное пространство для хранения можно наверняка. Комнаты многих знакомых мне людей, для которых опрятность не является сильной стороной, часто убирали мате-

У меня есть
только два правила:
хранить все предметы
одного типа
в одном месте
и не давать местам
для хранения
расползаться по дому.

ри, или у них вообще не было пространства, которое они могли бы назвать своим собственным. Такие люди часто хранят свою одежду в шкафах детей, а книги — на книжных полках партнера. Но отсутствие пространства, которое человек может назвать своим собственным, опасно. Каждому нужно место для уединения.

Я сознаю, что, когда начинаешь уборку, существует реальное искушение начать с пространств или вещей, общих для всех, например с гостиной комнаты, с моющих средств, лекарств или различных приборов и припасов для домохозяйства. Но, пожалуйста, оставьте это на потом. Начните с сортировки только ваших собственных вещей. Выберите, что вы хотите сохранить, и храните это в своем собственном пространстве. Поступая таким образом, вы освоите базовые принципы приведения своего дома в порядок. Так же как при отборе вещей, которые следует сохранить, главное — следовать правильному порядку.

забудьте
о «потоковом планировании» и «частоте использования»

Серьезные книги об уборке, как правило, советуют своим читателям при организации хранения использовать схему движения по квартире. Я не говорю, что этот совет неверен. Есть множество людей, которые выбирают практичные методы хранения, старательно изучив основные направления движения в доме, поэтому то, что я намерена здесь сказать, будет применимым только к методу КонМари. А я говорю — забудьте о «потоковом планировании».

Когда одна из моих клиенток, женщина за пятьдесят, закончила разбирать и раскладывать на хранение собственные вещи, мы принялись за вещи, принадлежащие ее мужу. Она сказала мне, что у мужа непременно должно быть все под рукой, будь то пульт управления или книга. Изучив их жилое пространство, я выяснила, что вещи мужа действительно хранились по всему дому. Возле туалета была маленькая книжная полочка для его книг, в прихожей — место для хранения его сумок, возле ванной — комод с его носками и бельем. Но это никоим образом не повлияло на мою политику. Я всегда настаиваю на том, чтобы все хранение было сосредоточено в одном-единственном месте, и поэтому рекомендовала своей клиентке переместить белье, носки и сумки мужа в шкаф, где висели его костюмы. Она немного встревожилась. «Но он любит держать вещи именно там, где он ими пользуется, — возразила она. — Что, если он расстроится?»

Распространенная ошибка, которую совершают многие люди, — определять места хранения вещей, исходя из того, откуда их проще всего достать. Этот подход — фатальная ловушка. Захламленность имеет своей причиной неумение класть вещи на свои места. Следовательно, хранение должно снижать объем усилий, необходимых, чтобы *класть* вещи на места, а не усилий, необходимых для того, чтобы *доставать* их. Когда мы чем-то пользуемся, у нас есть четкая цель, побуждающая нас достать именно эту вещь. Если только это по какой-то причине не является чрезвычайно тяжелой работой, обычно мы ничего не имеем против затраченных усилий. Захламленность имеет только две возможные причины: требуется слишком много усилий, чтобы убирать вещи на место, или вообще неясно, где должны храниться вещи. Если мы упустим из виду этот важный момент, то с большой вероятностью создадим систему, которая приведет к захламленности. Людям, которые, как и я, ленивы по натуре, я настоятельно рекомендую сосредоточить хранение в одном месте. Представление о том, что намного удобнее хранить все в пределах досягаемости, — это, как правило, неверное допущение.

Многие люди организуют хранение так, чтобы оно соответствовало основным направлениям движения в доме; но как вы думаете, как вообще складывается этот план движения? Почти во всех случаях оно определяется не тем, что человек делает в течение дня, но тем, где он хранит свои вещи. Нам может казаться, что мы храним свои вещи так, чтобы это соответствовало нашему поведению, но, как правило, мы сами бессознательно приспосабливаем свои поступки соответственно плану хранения. Раскладка мест хранения соответственно плану движения по дому лишь рассеет эти самые места хранения по всему дому. А это, в свою очередь, увеличит шансы на то, что мы будем накапливать больше вещей и забывать, что у нас уже есть, тем самым осложняя себе жизнь.

Учитывая средний размер японского жилища, план хранения, следующий плану движения, ни на что особенно не повлияет. Если вам нужно всего от 10 до 20 секунд, чтобы дойти от одного конца дома до другого, стоит ли действительно забивать себе голову «потоковым планированием»? Если ваша цель — незахламленное помещение, гораздо важнее распределить вещи в местах хранения так, чтобы вы с одного взгляда могли сказать, что где находится, чем принимать во внимание, кто, чем, где и когда занимается.

Нет необходимости усложнять. Просто определите, где будете хранить свои вещи в гармонии с дизайном вашего дома, — и проблемы с хранением будут решены. Ваш дом уже знает, где должны лежать ваши вещи. Вот почему метод хранения, который я применяю, так изумительно прост. Откровенно говоря, я могу вспомнить, где что хранится, почти во всех домах моих клиентов. Вот насколько прост мой метод! Я никогда не учитывала потоковое планирование, помогая клиентам с упорядочиванием пространства, однако ни у одного из них не было никаких проблем. Наоборот, как только они создавали простой план хранения, после этого им больше никогда не приходилось размышлять, где что должно лежать, уборка вещей на места становилась естественным делом, и, как следствие, в доме больше не было никакой захламленности.

Храните все родственные вещи в одном месте или как можно ближе друг к другу. Последовав этому совету, вы обнаружите, что создали вполне естественный «потоковый план». Также нет совершенно никакой необходимости учитывать частоту употребления вещей, размечая пространство для хранения. Некоторые книги об уборке предлагают методы, классифицирующие вещи по шести уровням в зависимости от частоты использования: ежедневно, раз в три дня, раз в неделю, раз в месяц, раз в год и менее чем раз в год. Вот интересно, это только у меня голова идет кругом при одной мысли о том, что придется делить свои ящики на шесть отделений? В самом крайнем случае я использую лишь две категории по частоте использования: вещи, которыми я пользуюсь часто, и вещи, которыми пользуюсь редко.

Возьмем для примера содержимое ящика. Мы естественным образом начинаем хранить вещи, которыми пользуемся реже, в задней части ящика, а теми, которыми чаще, — в передней. Нет необходимости определять это, когда вы впервые обустраиваете свое пространство для хранения. Выбирая, *что* сохранить, спросите свое сердце; выбирая, *где* хранить, спросите свой дом. Если вы не будете забывать это делать, то инстинктивно поймете, как вести процесс упорядочивания и хранения своих вещей.

никогда не складывайте стопками: главный секрет — вертикальное хранение

Есть люди, которые складывают все стопками, будь то книги, документы или одежда. Но это пустая трата ресурсов. Когда речь идет о хранении, лучше вертикального положения ничего не придумано. Я уделяю этому моменту особенно много внимания. Я храню в вертикальном положении все, что возможно, в том числе одежду, которую складываю и ставлю «на ребро» в ящиках, и колготки, которые скатываю и ставлю цилиндриками в коробку. То же относится к канцелярским и письменным принадлежностям: будь то коробки со скрепками, рулетки или ластики, — я ставлю их вертикально. Даже мой ноутбук стоит на книжной полке, как настоящий блокнот. Если у вас мало пространства, а его всегда должно быть достаточно, попробуйте ставить вещи вертикально. Вы обнаружите, что это разрешает большинство проблем. Я храню вещи вертикально и избегаю складирования в стопках по двум причинам. Во-первых, если складывать вещи стопками, в конце концов понадобится нескончаемое пространство для хранения. Вещи можно бесконечно ставить и складывать друг на друга, из-за чего труднее оценить увеличивающийся объем. Напротив, когда вещи хранятся вертикально, любое увеличение их числа зрительно занимает больше места и в конечном счете место для хранения у вас закончится. И когда это случится, вы сделаете мысленную заметку: «Ого, у меня опять начинают накапливаться вещи».

Вторая причина: складывание стопкой очень негативно сказывается на тех вещах, что лежат внизу. При хранении стопкой нижние вещи сплющиваются. Хранение стопкой ослабляет и истощает вещи, которые несут на себе вес всей стопки. Представьте только, как бы вы себя чувствовали, если бы вас часами заставляли нести на себе тяжелое бремя. И дело не только в этом. Вещи, лежащие в стопке, буквально исчезают, поскольку мы забываем о самом их существовании. Когда мы складываем друг на друга предметы одежды, те из них, которые оказываются внизу, используются все реже и реже. Те одежки, которые больше не вызывают радости у моих клиентов, хотя некогда они их любили, чаще всего оказываются «старожилами» самого низа стопки.

Если у вас
мало пространства,
попробуйте
ставить вещи
вертикально.

Тот же принцип применим к бумагам и документам. Когда поверх стопки выкладывается новый документ, предыдущие немного отдаляются от нашего осознания, и, не успеем мы оглянуться, как уже забываем о том, что с документом нужно разобраться, или откладываем это мероприятие «на потом». Так что по этим причинам я рекомендую хранить вертикально все, что можно. Попробуйте взять стопку предметов, которая у вас уже есть, и поставить вещи вертикально. Даже просто сделав это, вы лучше представите себе объем вещей в этой стопке. Вертикальное хранение можно использовать везде. Беспорядочные холодильники — обычное явление, но и их содержимое можно организовать быстро и просто, ставя вещи вертикально. Например, я люблю морковь. Если вы откроете мой холодильник, то обнаружите, что морковь хранится вертикально в держателях для напитков на дверце.

в специальных приспособлениях для хранения нет необходимости

Мир полон приспособлений для хранения. Регулируемые разделители, плечики для одежды, которые можно вешать в вашем платяном шкафу, узкие полочки, которые помещаются в небольшие пространства... Вы можете найти предметы для хранения, которых и вообразить себе не могли, в любом магазине, от местной дешевой распродажи до затейливой фурнитуры в стиле «хай-энд» в интерьерных отделах супермаркетов. Некогда и я была фанатичкой хранения, так что в моей жизни был период, когда я перепробовала практически все приспособления, имевшиеся в то время в продаже, включая самые странные и самые экзотические. Однако почти ни одно из них не задержалось в моем доме.

Предметы для хранения, которые вы найдете в моем доме, — это несколько наборов прозрачных пластиковых ящиков для одежды и *комоно*, набор картонных ящиков, которыми я пользовалась со времен средней школы, и ротанговая корзинка для полотенец. Вот и все. И все они хранятся внутри встроенного шкафа-комода. Помимо этого есть встроенные полки в кухне и ванной и шкаф для обуви в прихожей. Книжный шкаф мне не нужен, потому что я храню свои книги и документы на одной из полок в обувном шкафу. Встроенные шкафы и полки не просто невелики, они меньше среднего размера. В сущности, единственные приспособления для хранения, которые вам нужны, — это обычные комоды и коробки; ничего специального или причудливого вам не нужно.

Люди часто спрашивают, какие из подобных приспособлений я рекомендую, несомненно рассчитывая, что я раскрою им секрет доселе неизвестного оружия для хранения. Но вот что я вам скажу: нет необходимости покупать разделители или любые другие хитрые устройства. Вы можете разрешить свои проблемы с хранением с помощью тех вещей, которые уже есть в доме. Наиболее частый предмет, который я использую, — это пустая коробка из-под обуви. Я перепробовала всевозможные модули для хранения, но ни разу не нашла ничего, что обходилось бы бесплатно и при этом превосходило по качествам обувную коробку. Она получает отметки выше среднего по всем моим критериям: размер, материал, долговечность, простота в использовании и привлекательность. Эти хорошо сбалансированные свойства и разнообразие в применении — самые большие достоинства обувной коробки. Кроме того, в последнее время обувь продается в коробках с симпатичным дизайном. Я часто спрашиваю клиентов, оказавшись у них дома: «У вас есть обувные коробки?»

Область применения обувных коробок практически не ограничена. Я часто использую их для хранения носков и колготок в ящиках комодов. Высота обувной коробки идеальна для вертикального хранения скатанных колготок. В ванной их можно использовать для хранения бутылочек с шампунем, кондиционером и т. д., также они идеальны для хранения моющих средств и других предметов для домашней уборки. В кухне их можно использовать для хранения продуктов, пакетов для мусора, кухонных полотенец и т. д. Я также храню в них формы для пирогов, тортницы и другие кулинарные приспособления, которые используются не так часто. После использования коробку можно поставить на верхнюю полку. По каким-то причинам многие люди предпочитают хранить свои принадлежности для выпечки в пластиковых пакетах, но их гораздо легче использовать, когда они хранятся в коробке. Это крайне простое решение пользуется большой популярностью среди моих клиентов. Я всегда радуюсь, когда они говорят мне, что стали чаще заниматься выпечкой после такой реорганизации.

У обувной коробки есть плоская крышка, которая может использоваться как поднос. Ее можно поставить в шкафчик, чтобы в ней стояли ваши масла и специи, не пачкая полки. В отличие от многих подстилок для полок, крышки от коробок не скользят, их гораздо легче заменить. Если вы храните кухонные принадлежности, например черпаки, в ящиках, то можете использовать обувную коробку для их хранения. Она не дает кухонной утвари с шумом кататься туда-сюда в ящике всякий раз, как вы его открываете и закрываете, а поскольку она действует как разделитель, можно использовать остальное пространство более эффективно.

Разумеется, есть множество других типов коробок, из которых получаются удобные емкости для хранения. Среди тех, которые я использую чаще всего, — пластиковые упаковки для визиток и от айподов. В сущности, коробки, в которых продаются многие продукты фирмы *Apple*, имеют как раз подходящий размер и дизайн для хранения, так что, если у вас такие есть, рекомендую использовать их как разделители для ваших ящиков. Они идеальны для хранения ручек, карандашей и других письменных принадлежностей. Еще один стандартный предмет — лишние пластиковые контейнеры для продуктов, которые можно использовать для хранения мелких предметов в кухне.

В сущности, подойдет любая прямоугольная коробка или контейнер нужного размера. Однако большие картонные коробки или коробки от электроприборов слишком велики, чтобы служить распределителями для хранения, неудобны для хранения других предметов, да и просто уродливы. Пожалуйста, вовремя избавляйтесь от них. Всякий раз, как натыкаетесь на такие коробки, когда занимаетесь уборкой и сортировкой своих вещей, отставляйте их в сторону, пока не будете готовы начать сортировку. Непременно выбросите все коробки, оставшиеся после того, как приведете дом в порядок. Никогда не цепляйтесь за них с убежденностью в том, что они, возможно, когда-нибудь понадобятся.

Я не рекомендую использовать контейнеры круглой или неправильной формы или в форме сердца в качестве распределителей, поскольку они обычно попусту занимают много места. Однако, если какая-то конкретная коробка вызывает у вас чувство радости, когда вы берете ее в руки, это другое дело. Выбросить ее или хранить, не используя, было бы расточительством, так что вам нужно воспользоваться своей интуицией и использовать ее для хранения. Например, можно держать такие коробки в ящике письменного стола, храня там принадлежности для ухода за волосами, или ватные шарики, или швейный набор. Создавайте свои собственные, оригинальные комбинации, находя подходящую пустую коробку для предмета, который нужно хранить. Лучший метод — экспериментировать и наслаждаться процессом.

Когда мои клиенты используют таким образом то, что уже есть у них дома, они неизменно обнаруживают, что у них уже есть все, что нужно для хранения вещей. Нет необходимости идти в магазин и покупать специальные принадлежности. Разумеется, на свете полно великолепных дизайнерских штучек. Но в данный момент самое важное — как можно скорее закончить приведение вашего дома в порядок. Вместо того чтобы покупать что-то по принципу «пока сойдет», подождите, пока не доведете весь процесс до конца, а потом можете не спеша искать в магазинах устройства для хранения, которые вам по-настоящему понравятся.

лучший способ хранения сумок — в другой сумке

Женские сумочки, хозяйственные и другие сумки, которые в данный момент не используются, простаивают пустыми. В какой-то момент моей карьеры меня осенило, что это — зряшная трата пространства, в особенности если учесть, что сумки часто хранятся в лучших местах для хранения. Они не только занимают больше места, поскольку их нельзя сложить, но и нередко набиты упаковочной бумагой, чтобы сохранить форму. В японских домах, где количество места для хранения крайне ограничено, это является непростительным расточительством пространства. А тот факт, что упаковочная бумага часто начинает рассыпаться, лишь усугубляет проблему.

Задавшись целью найти решение, я начала экспериментировать. Вначале я решила покончить с упаковочной бумагой. В конце концов, ведь избавление от вещей, которые не приносят радости, — главная составляющая моего подхода. Вместо нее я попробовала вкладывать в сумки небольшие предметы, не соответствующие сезону. Летом я использовала для этой цели шарфы и перчатки, а зимой — купальники. В этом случае сумки не только сохраняли свою форму, но и служили местом для хранения. Я была рада найти решение, которое вроде бы убивало двух

Вещи должны
храниться там,
где их было бы
удобнее не доставать,
а возвращать на место.

зайцев одним выстрелом. Но спустя год я отказалась от такого подхода. Хотя в теории это казалось хорошей идеей, на практике необходимость вынимать наполнители всякий раз, как мне нужна была сумка, причиняла неудобство, а вынутые предметы захламляли шкаф.

Конечно, я не сдалась. Я продолжала искать какой-то вид вкладыша, который не рассыпался бы в клочки. Следующей моей идеей было вкладывать мелкие предметы в тонкий тканевый мешочек, прежде чем класть их в сумку. Тогда достать их было просто, а тканевый мешочек очень симпатично смотрелся на полке в шкафу. Я была довольна тем, что нашла еще одно революционное решение. Но и у этого метода были свои скрытые недостатки. Предметы внутри этих мешочков не были видны, и когда наступил новый сезон, я совершенно забыла, что нужно вынуть из сумок два внутренних мешочка. Только год спустя я наконец нашла их, а к тому времени их содержимое совершенно вышло из моды. Это заставило меня задуматься. Несмотря на тот факт, что я предпочитаю держать одежду и другие несезонные предметы на виду, я по глупости своей была уверена, что не забуду достать то, чего не вижу.

Я вынула из сумок тканевые мешочки и освободила находившиеся внутри них предметы, но теперь сумки без внутренней опоры казались увядшими. Мне нужно было что-то такое, что сохраняло бы их форму, но я определенно не хотела наполнять их предметами одежды, о которых в этом случае было бы легко забыть. Не зная, что делать, я решила временно вложить сумки одну в другую. И это оказалось идеальным решением. Храня сумки друг в друге, я вдвое уменьшила необходимое для них пространство, а выяснить, какая из них где находится, было легко, потому что я оставила ручки болтаться снаружи.

Главное — подобрать сумки одного типа. Наборы должны состоять из сумок, изготовленных из похожего материала, например плотной кожи, или толстой вязаной ткани, или из дамских сумочек, предназначенных для особых случаев, таких как свадьба или похороны. Подразделение их по материалу и по типу означает, что всякий раз, как вам потребуется сумка, необходимо будет вынуть лишь один набор. Это намного проще. Однако помните, что не следует хранить слишком много сумок в одной. Мое главное правило — не вкладывать в одну сумку больше двух других и хранить их таким образом, чтобы я не забыла, что лежит внутри. Что касается хозяйственных сумок, которые в сложенном виде занимают удивительно мало места, я рекомендую хранить их все в одной-единственной хозяйственной сумке.

Подведем итог: наилучший способ хранить клатчи, сумочки и другие сумки — создавать наборы, основываясь на типе материала, размере и частоте использования и хранить их одну в другой, как наборы контейнеров. Все ремни и ручки должны оставаться на виду. Если сумка, используемая как предмет хранения, была куплена в дополнительном мешке, можно хранить весь набор прямо в мешке. Выставляйте эти наборы в своем шкафу на таких местах, где сможете их видеть. Процесс вкладывания одних сумок в другие и нахождение верных комбинаций — сплошное удовольствие, этот процесс очень похож на складывание головоломки. Когда находишь идеальную пару, то есть когда внешняя и внутренняя сумки настолько хорошо сочетаются, что поддерживают друг друга, это все равно что стать свидетелем знакомства, которому суждено было наконец случиться.

ежедневно опустошайте свою сумку

Есть некоторые вещи, которые нужны вам ежедневно, например бумажник, проездные и ежедневник. Многие не видят смысла вынимать эти вещи из сумки, когда приходят домой, потому что будут пользоваться ими и завтра; но это ошибка. Предназначение сумки — носить ваши вещи, когда вы находитесь вдали от дома. Вы кладете в сумку те вещи, которые вам необходимы, например документы, мобильный телефон и кошелек, и она несет все это без жалоб, даже если набита под завязку. Когда вы бросаете ее на пол и скребете ее дном по полу, она не издает ни слова упрека, лишь старается как можно лучше поддерживать вас. Какая труженица! Было бы жестоко не давать ей отдохнуть хотя бы дома. Быть постоянно набитым доверху, даже когда тебя не используют, — это, должно быть, то же самое, что отправляться в постель на полный желудок. Если вы так обращаетесь со своими сумками, вскоре они начинают выглядеть усталыми и поношенными.

Кроме того, если у вас нет привычки разгружать свою сумку, весьма вероятно, что вы оставляете что-то внутри, когда решаете взять с собой другую сумку... и не успеете вы оглянуться, как уже забыли, что у вас лежит в каждой сумке. Не в силах найти ручку или помаду, в конце концов вы покупаете новые. Когда мы вместе убираем комнаты моих клиентов, чаще всего в их сумках обнаруживаются такие предметы, как бумажные носовые платки, монеты, скомканные чеки и использованная жевательная резинка, завернутая в обертку. Существует реальная опасность того, что с мусором смешаются и важные предметы, такие как украшения, записные книжки или документы.

Так что опустошайте свою сумку каждый день. Это не настолько хлопотно, как может показаться. Нужно просто выбрать место для тех вещей, которые лежат внутри. Найдите коробочку или шкатулку и вертикально вкладывайте в нее свой проездной, пропуск и другие важные предметы. Затем в таком виде поставьте коробочку в ящик или в шкаф. Для этого подойдет любое вместилище, но если вы не найдете контейнер нужного размера, сгодится и обувная коробка. А еще можно освободить пространство в уголке ящика, вообще не используя коробку. Внешность имеет значение, так что, выбирая коробку, берите ту, которая вам по-настоящему нравится.

Одно из лучших мест для хранения такой коробки — верхний ящик комода, который вы используете для хранения, и удобнее всего, если он расположен близко к тому месту, где вы храните свои сумки.

Если иногда вам не удается опустошить сумку, ничего страшного. Бывают моменты, когда я прихожу домой настолько поздно, что ничего не выкладываю из сумки, потому что очень рано следующим утром снова возьму ее на работу. Между нами говоря, пока я писала эту книгу, бывали такие дни, когда я приходила домой и засыпала, даже не переодевшись. Главное — создать такую обстановку, в которой ваша сумка сможет отдохнуть, найдя конкретное место для хранения всего, что вы обычно носите внутри сумки.

множеству предметов место в комоде

Если в вашем доме есть встроенные комоды или шкафы, то большинство вещей можно хранить в них. Японские шкафы-комоды — идеальное пространство для хранения. Они глубокие и широкие, разделены на верхнее и нижнее отделения широкой и очень прочной полкой, а в стену над ними вмонтирован комод с ящиками. Но многие японцы не умеют использовать преимущества этого пространства. Для тех из вас, у кого есть подобные шкафы, лучшая политика — старательно их использовать. Как бы вы ни пытались придумать некие гениальные устройства для разрешения всех своих проблем с хранением, конечный результат почти всегда оказывается хуже, чем то, что у вас уже есть.

Базовый метод эффективного использования шкафа-комода состоит в следующем. Прежде всего — и это общее правило, — несезонные вещи должны храниться в самых труднодоступных местах. В их число входят новогодние украшения, лыжная экипировка, экипировка для пеших походов и других сезонных видов спорта. Это также наилучшее место для больших памятных предметов, которые не помещаются в книжную полку, например свадебного альбома или больших фотоальбомов. Но не кладите их в картонные коробки. Вместо этого ставьте их ближе к передней части шкафа, как ставили бы книги в книжном шкафу. В противном случае вы вряд ли когда-нибудь снова их увидите.

Повседневная одежда должна храниться в комоде. Если вы используете для ее хранения пластиковые ящики, в таком случае я настоятельно рекомендую выдвижные ящики, а не коробки. Как только одежда сложена в коробку, ее становится сложно достать, и в большинстве случаев людям лень доставать ее, даже когда снова наступает сезон. И, разумеется, складывайте одежду и устанавливайте ее в ящике вертикально.

Постельное белье лучше всего хранить на верхней полке шкафа-комода, где оно меньше подвержено воздействию влаги и пыли. Нижнее пространство можно использовать для хранения электроприборов в межсезонье, например вентиляторов и обогревателей. Наилучший способ использовать шкаф-комод в японском стиле — думать о нем как о небольшой комнатке и хранить вещи внутри его в ящиках и других контейнерах для хранения. У меня была одна клиентка, которая хранила всю свою одежду в таком комоде, не упорядочивая ее. Когда мы открыли дверцу, содержимое шкафа было похоже на кучу мусора, а одежда представляла собой перепутанный ком.

Гораздо эффективнее будет перенести в шкаф все приспособления для хранения. Я обычно устанавливаю туда стальные вешалки, книжные полки и фанерные комодики или полочки, которые также можно использовать для хранения книг. Я также храню в шкафу и крупные предметы, которые в противном случае занимают чужое пространство — например, чемоданы, клюшки для гольфа, электроприборы или гитары. Уверена, многие мои клиентки и представить себе не могли, что такие вещи способны поместиться в их шкаф, но после того как они последовали методу КонМари для тщательной сортировки и избавления от ненужных вещей, это оказалось довольно просто.

поддерживайте чистоту вокруг ванны и кухонной раковины

Сколько бутылочек с шампунем и кондиционером окружают вашу ванну? Разные члены семьи могут пользоваться разными средствами, а может быть, и у вас их несколько видов и вы используете их в зависимости от настроения или следуя схеме «раз в неделю». Но переставлять их, когда вы убираете ванну, — это такая морока! Если ставить их на пол в душевой кабинке или на край ванны, они становятся осклизлыми. Чтобы избежать этого, некоторые используют в качестве контейнера проволочную корзинку, но, судя по моему опыту, это только ухудшает ситуацию.

Однажды я купила проволочную корзинку, достаточно большую, чтобы в нее влезли все виды мыла, шампуней и даже кремов для лица, которыми пользовались члены моей семьи. Моя радость от покупки этого удобного устройства продержалась недолго. Поначалу я высушивала ее всякий раз после того, как принимала душ, но вскоре протирание каждой проволочки превратилось в нудную обязанность, и я стала делать это только раз в три дня, потом раз в пять дней, а потом еще реже, пока совершенно не перестала о ней заботиться. Однажды я заметила, что бутылочка с шампунем стала ржавой и осклизлой снизу. Внимательнее осмотрев корзинку, я увидела, что она настолько заросла грязью, что на нее было противно смотреть. Едва ли не в слезах я отскребла корзинку дочиста, а вскоре после этого просто выбросила. С ней было слишком много возни, и всякий раз, забираясь в ванную и видя ее, я вспоминала об эпизоде с этой отвратительной грязью. Мне следовало бы понимать, что ванна — одно из самых влажных и жарких мест в доме, что с очевидностью делает ее самым неподходящим местом для хранения чего угодно.

Когда мы не пользуемся шампунем и мылом, нет необходимости хранить их в ванной, а дополнительное воздействие жары и влаги неизменно ухудшает их качество. Поэтому моя политика — убирать из ванной или душевой комнаты все. Все, что использовалось во время водных процедур, в любом случае нужно потом просушить, поэтому имеет гораздо больший смысл просто протереть те немногие предметы, которыми мы пользуемся, банным полотенцем, а затем убрать их в шкаф. Хотя на первый взгляд кажется, что это лишь увеличивает количество работы, на самом деле ее становится меньше. Гораздо быстрее и проще вымыть и убрать ванну или душевую комнату, когда эти предметы не захламляют ее пространство и их отсутствие уменьшает вероятность скопления слизи и плесени.

То же относится и к области кухонной раковины. Вы держите губки и моющие средства возле раковины? Я свои убираю под нее. Секрет в том, чтобы убедиться, что губка полностью просохла. Многие люди пользуются специальной проволочной полочкой для губок со стоком прямо в раковину. Если у вас тоже есть такая полочка, рекомендую вам немедленно ее убрать. Она не может до конца просохнуть, если всякий раз, как вы моете посуду, туда попадает вода, и вскоре она начинает скверно пахнуть. Чтобы избежать этого, тщательно отжимайте губку после использования и вешайте ее на просушку. Можно прикрепить к полочке для полотенец обычный крючок или прицепить его к ручке кухонного ящика, если у вас нет специальной полки. Лично я рекомендую вывешивать губки на балконе, например на сушилке для белья.

Я сушу на балконе не только губки, но и разделочные доски, дуршлаги и посуду. Солнечный свет — хороший дезинфектор, и моя кухня всегда выглядит очень аккуратной, поскольку мне не нужна сушилка для посуды. В сущности, у меня ее вообще нет. Я складываю всю перемытую посуду в большую миску или дуршлаг и выставляю ее сушиться на балкон. Я могу перемыть посуду утром и просто оставить ее на балконе. В зависимости от погоды и от климата, в котором вы живете, этот подход может подойти и вам.

Где вы храните свои растительное масло, соль, перец, соевый соус и другие приправы? Многие люди оставляют их рядом с плитой, потому что хотят, чтобы они всегда были под рукой, — это удобно. Если вы тоже так делали, надеюсь, вы броситесь спасать свои продукты прямо сейчас. Во-первых, рабочий стол предназначен для приготовления пищи, а не для хранения продуктов. Пространство возле плиты особенно подвержено загрязнению брызгами жидкой пищи и масла, и контейнеры с приправами, которые хранятся здесь, обычно бывают липкими от жира. Кроме того, из-за рядов бутылок в этой области гораздо труднее поддерживать чистоту и поверхности в кухне всегда будут покрыты пленкой жира. Кухонные полки и шкафчики обычно изначально рассчитаны на хранение приправ и специй, так что убирайте их туда, где им надлежит быть. Довольно часто такой длинный узкий ящик или шкафчик располагается рядом с плитой, его и можно использовать.

украсьте шкаф на свой вкус

«Не открывайте это, пожалуйста!» — вот фраза, которую я часто слышу. Обычно у моих клиентов всегда находится коробка, ящик или шкаф, которые они не хотят мне показывать. У всех нас есть нечто такое, о чем мы предпочли бы оставить других в неведении, однако эти вещи важны для нас. Обычные предметы такого рода — плакаты поп-кумиров и другие фанатские сувениры, а также книги, связанные с хобби. Такие плакаты часто скатаны в трубку и хранятся в задней части шкафа, а компакт-диски — в коробке. Но это неправильно. Хотя бы ваша комната должна быть таким местом, где вы сможете заниматься тем, что вам интересно, и наслаждаться этим в свое удовольствие. Так что, если вам что-то нравится, не прячьте это в дальний угол. Если вы хотите наслаждаться этими вещами, но не хотите, чтобы об этом знали ваши друзья или другие люди, предлагаю вам простое решение. Превратите свое пространство для хранения в собственное личное пространство — такое, от которого вас будет охватывать трепет удовольствия. Используйте свои сокровища, чтобы украсить ими заднюю стенку шкафа для одежды или внутреннюю поверхность дверцы.

Свой шкаф можно украсить любыми предметами, как сокровенными, так и не очень: плакатами, фотографиями, узорами, — всем, чем захотите. В украшении места для хранения нет никаких ограничений. Никто не станет на это жаловаться, потому что никто этого не увидит. Ваше пространство для хранения — ваш личный рай, так что персонализируйте его по полной программе.

сразу же распаковывайте новую одежду и снимайте с нее ярлычки

Одно из многочисленных явлений, которые не перестают удивлять меня, когда я помогаю своим клиентам проводить уборку, — это количество вещей, по-прежнему лежащих в своей магазинной упаковке. Когда речь идет о продуктах и предметах гигиены, я еще могу это понять. Но почему люди кладут такие вещи, как носки и белье, в ящики шкафа, не снимая с них упаковку? Ведь так вещи занимают больше места и с большей вероятностью будут забыты.

Мой отец обожал накапливать носки. Всякий раз, заходя в супермаркет, он покупал серые или черные носки к своим костюмам и клал их в ящик прямо в упаковке. Еще он любил всегда иметь под рукой серые свитеры, и я часто натыкалась на них в задней части шкафа, по-прежнему завернутых в магазинные пакеты. Мне всегда было жаль эти вещи. Я думала, что это уникальный пунктик моего отца, но, когда начала приходить домой к клиентам, я осознала, что таких людей немало. Подобные запасы обычно состоят из того, что клиенты носят регулярно, наиболее часто встречающиеся предметы такого рода — носки, белье и колготки. Одна общая черта — у клиентов скапливаются гораздо более обширные запасы, чем им необходимо. Я была поражена, обнаружив, что люди покупают совершенно такие же предметы до того, как распакуют прежде купленные. Возможно, тот факт, что эти вещи лежат в упаковке, притупляет чувство собственности по отношению к ним. Например, рекордное число колготок, обнаруженное мною в доме одной клиентки, составляло 82 пары. По-прежнему лежащие в своей фабричной упаковке, они заполнили целиком один пластиковый ящик для хранения.

Ясное дело, купив новую вещь, проще сразу бросить ее в ящик, не распаковывая. И, возможно, есть некоторое удовольствие в разрывании обертки, когда вы впервые собираетесь ее надеть. Но единственное различие между упакованными вещами в вашем ящике и товарами в магазине — это место, где они хранятся. Люди, как правило, предпочитают считать, что дешевле покупать вещи оптом, когда они попадают на распродажу. Но я полагаю, что верно обратное. Если учесть стоимость хранения, столь же экономично держать эти вещи в магазине, а не у себя дома. Более того, если вы станете покупать и использовать их по мере необходимости, они будут новее и в лучшем состоянии. Поэтому я призываю вас воздерживаться от накапливания вещей. Вместо этого покупайте лишь то, что вам необходимо, сразу же доставайте все вещи из упаковки и складывайте на хранение. Если у вас уже есть большой запас чего-то, то по крайней мере снимите с этих вещей упаковку. Сохранение упаковки не прибавляет вещам ничего, лишь наносит вред.

Чаще всего в упаковке оставляют колготки. Распаковывая их, выньте и жесткую внутреннюю вкладку. Дома она вам не понадобится. Колготки занимают на 25 процентов меньше места, если вынуть их из упаковки и сложить. Кроме того, вы таким образом повышаете вероятность их ношения, поскольку до них проще добраться. Я думаю, что только после того, как вынешь вещь из упаковки, можно по-настоящему назвать ее своей собственной.

Сказанное относится и к тем вещам, на которых оставлены магазинные ярлычки. Я часто нахожу в домах моих клиентов юбки или кардиганы с ценниками или ярлычками с названием фирмы. В большинстве случаев клиенты позабыли о существовании этих вещей и смотрят на них с удивлением, несмотря на тот факт, что эти предметы висят на виду на вешалке в их гардеробе. Я долго не могла понять, что же делает эти вещи невидимыми. Полная решимости найти объяснение, я решила понаблюдать за одежными отделами в больших универсальных магазинах.

Потратив на эти исследования немало времени, я осознала, что существует заметная разница между вещами в личном гардеробе и теми вещами, которые висят на вешалке в магазине. Аура последних очень отличается от ауры вещей-тружеников, которыми мы пользуемся каждый день. Они так и светятся чопорной жеманностью, и вещи, с которых не сняты ярлычки, сохраняют эту жеманность. Вот как я это вижу. Вещи в магазине — это товары, а вещи дома — это личная собственность. Одежда, на которой по-прежнему висят ценники, еще не стала нашей собственной, и поэтому она как бы не вполне «принадлежит» нам. Поскольку она задавлена аурой наших «личных» вещей, она менее заметна. Вполне естественно, что мы не обращаем на нее внимания и даже забываем о ней, просматривая свой гардероб.

Некоторые люди боятся, что, срезав ярлычки, они снизят ценность одежды, если им когда-нибудь случится отнести ее в комиссионный магазин; но это неправильно. Если собираетесь покупать одежду, выбирайте ее с намерением радостно принять ее в своем доме и заботиться о ней. Покупая одежду, сразу же снимайте ярлычки. Чтобы ваша одежда превратилась из магазинных товаров в личную собственность, необходимо исполнить ритуал перерезания «пуповины», которая связывает их с магазином.

не стоит недооценивать «шум» текстовой информации

Мои самые «продвинутые» ученики, как правило, предъявляют еще более высокие требования к уровню комфорта в своем пространстве, когда успешно разрешают проблемы с лишней собственностью и хранением. На первый взгляд, дома некоторых моих клиентов настолько опрятны, что кажется, будто дальнейшая помощь им не нужна.

Одной такой клиентке было около тридцати лет, она жила вместе со своим мужем и шестилетней дочерью. У нее не было никаких проблем с избавлением от ненужных вещей, и во время нашего первого урока она избавилась от 200 книг и 32 мешков с разными предметами. Она в первую очередь была домохозяйкой и тратила все свое время на заботу о доме, дважды в месяц устраивала чаепития для других матерей с детьми и регулярно проводила у себя дома занятия по аранжировке цветов. У нее часто бывали гости, и она очень сознательно относилась к поддержанию порядка, чтобы не стесняться принимать нежданных гостей. Она жила в доме с двумя спальнями, где столовая была объединена с кухней, а все личные вещи были аккуратно сложены на хранение во встроенные шкафы и два проволочных стеллажа высотой с рост человека. Простые деревянные полы были не загромождены вещами и всегда хорошо натерты. Ее подруги удивлялись, не веря, что можно быть аккуратнее, чем она, но ее по-прежнему что-то не устраивало.

«У нас не так много вещей, но я все никак не могу успокоиться. У меня такое ощущение, что нужно сделать еще один шаг», — говорила она

Когда я пришла к ней, в доме был порядок, но, в полном соответствии с ее словами, казалось, что что-то не совсем правильно. Первое, что я в таких случаях делаю, — раскрываю дверцы всех мест хранения. Открыв главный шкаф, я обнаружила именно то, чего ожидала. На прозрачных пластиковых ящиках по-прежнему красовались наклеенные этикетки со словами «Великолепное решение для хранения!», упаковки комнатных дезодорантов сияли буквами «Мгновенно очищает воздух!», на картонных коробках сверкали надписи «Лучшие апельсины». Куда бы я ни бросила взгляд, отовсюду на меня набрасывались слова, слова, слова. Это и был тот последний шаг, который стремилась сделать моя клиентка. От избытка информации, которую вы воспринимаете всякий раз, открывая дверцу шкафа, в комнате становится «шумно», особенно когда эти слова написаны на вашем родном языке: они попадаются вам на глаза, и ваш мозг классифицирует их как информацию, которую надо переработать. Это создает засор в вашем разуме.

Всякий раз как моя клиентка хотела выбрать себе одежду, эти надписи набрасывались на нее, словно кто-то непрестанно бормотал ей на ухо. Как ни странно, этот поток информации нельзя отсечь, просто закрыв дверцу шкафа. Слова становятся помехами, которые висят в воздухе. По собственному опыту могу сказать, что места хранения, от которых возникает ощущение «шума», несмотря на то что на первый взгляд они кажутся очень аккуратными, обычно перенасыщены ненужной информацией. Чем аккуратнее дом и чем разреженнее его обстановка, тем громче «звучит» эта информация. Так что для начала отклейте фабричные этикетки со своих контейнеров для хранения. Это совершенно необходимо — так же необходимо, как снимать ярлычки с новой одежды, чтобы принять ее как свою личную собственность. Оборвите со свертков и упаковок, в частности с дезодорантов и моющих средств, клейкую ленту с печатными буквами, которые вы не хотите видеть. Пространства, находящиеся не на виду, все равно являются частью вашего дома. Исключив избыточную визуальную информацию, которая не вызывает радости, вы сможете сделать свое пространство гораздо более спокойным и комфортным. Достигнутые таким путем изменения настолько восхитительны, что жаль было бы не попробовать это сделать.

цените свою собственность

Одно из домашних заданий, которые я даю своим клиентам, — выразить благодарность личным вещам. Например, я советую говорить «Спасибо за то, что благодаря тебе весь день мне было тепло», когда они вешают в шкаф свою одежду, придя с работы домой. Или, когда они снимают свои аксессуары: *«Спасибо за то, что вы делали меня красивой»*, а ставя в шкаф сумку — *«Только благодаря тебе мне удалось сделать сегодня столько важных дел»*. Выразите свою благодарность каждому предмету, который обеспечивал вам поддержку в течение дня. Если вам трудно делать это ежедневно, по крайней мере, делайте это при возможности.

Я начала обращаться со своими личными вещами так, как если бы они были живыми, еще когда училась в школе. У меня был собственный мобильный телефон. Хотя экраны были тогда одноцветными, мне нравился его компактный дизайн и бледно-голубой цвет. Я не относилась к числу телефономанов, но он мне настолько нравился, что я нарушала школьные правила и каждый день тайком клала его в карман школьной формы. Время от времени я доставала его из кармана, просто чтобы полюбоваться и улыбнуться самой себе. Технологии прогрессировали, и все обзаводились мобильными телефонами с цветными экранами. Я же как можно дольше старалась сохранить свою старую модель, но в какой-то момент этот телефон стал настолько исцарапанным и изношенным, что мне пришлось заменить его. Когда я купила новый мобильный телефон, у меня возникла мысль послать SMS своему старому телефону. Это был первый раз, когда я меняла мобильник, и чувства мои были крайне возбуждены. Минутку подумав, я набрала простое сообщение — «Спасибо тебе за все» — и добавила символ «сердечка». Потом нажала кнопку отправки. Мой старый телефон сразу же зазвонил, и я проверила входящие сообщения. Разумеется, это было то SMS, которое я только что отослала. «Отлично. Ты получил мое сообщение. Я просто хотела поблагодарить тебя за все, что ты сделал», — сказала я своему старому телефону. А потом со щелчком закрыла его.

Спустя несколько минут я открыла свой старый телефон и с удивлением обнаружила, что экран пуст. Какую бы кнопку я ни нажимала, экран не реагировал. Мой телефон, который ни разу не ломался с того дня, когда я его получила, выключился, получив мое сообщение. Он больше ни разу не заработал, словно поняв, что его работа сделана, ушел со службы по собственному желанию. Конечно, я понимаю, некоторым людям будет трудно поверить, что неодушевленные предметы реагируют на человеческие эмоции. Да и действительно, это могло быть просто совпадением.

И все же мы часто слышим о спортсменах, которые с любовью заботятся о своей спортивной экипировке, относясь к ней так, как если бы она была некой святыней. Думаю, они инстинктивно ощущают силу этих предметов. Если бы со всеми вещами, которыми мы пользуемся в своей повседневной жизни, будь то компьютер, сумка, ручки или карандаши, мы обращались с той же любовью и заботой, с какой спортсмены относятся к своей экипировке, мы могли бы существенно увеличить число надежных «сторонников» в своей жизни. Акт обладания — очень естественная часть нашей

Вещи, у которых
есть свое место,
куда они возвращаются
каждый день,
чтобы отдохнуть,
в большей степени
наполнены жизнью.

повседневной жизни, а не нечто такое, что следует приберегать для какого-то особого матча или соревнования.

Даже если мы этого не сознаем, наша собственность усердно трудится на нас, каждый день исполняя свою роль в поддержке нашей жизни. Точно так же, как мы приходим с работы и расслабляемся после трудного дня, наши вещи испускают вздох облегчения, возвращаясь на свои места. Вы когда-нибудь думали, каково это — не иметь никакого определенного адреса? Наша жизнь была бы полна крайней неопределенности. Именно потому, что у нас есть дом, куда можно возвращаться, мы способны ходить на работу, по магазинам или взаимодействовать с другими. То же верно и для нашей собственности. Важно, чтобы у наших вещей была такая же уверенность, что у них есть место, куда можно вернуться. Вы сами почувствуете разницу. Вещи, у которых есть свое место, куда они возвращаются каждый день, чтобы отдохнуть, в большей степени наполнены жизнью.

Когда мои клиенты усваивают привычку обращаться со своей одеждой уважительно, они потом всегда говорят мне: «Моя одежда теперь живет дольше. Шерсть на моих свитерах не так быстро скатывается, и я их не так часто пачкаю». Это предполагает, что забота о своих вещах — лучший способ мотивировать их поддерживать вас, их владельцев. Если вы будете обращаться со своей собственностью хорошо, вещи всегда будут отвечать вам тем же. По этой причине я никогда не жалею времени, чтобы время от времени спрашивать себя, делает ли их счастливыми то место хранения, которое я для них предназначила. В конце концов, хранение — это священный акт выбора дома для моих вещей.

頭 5

магическая уборка
преобразит вашу жизнь

приведите свой дом в порядок — и узнаете, чем вы на самом деле хотите заниматься

変更

В Японии староста класса — это человек популярный, обладающий лидерскими качествами и любящий выделяться, и мы используем это словосочетание для определения любой личности, обладающей такими качествами. Напротив, я — типичная «уборщица», чудачка, которая потихоньку и незаметно работает в углу классной комнаты, наводя порядок в шкафах. И я ничуть не шучу.

Первое официальное задание, которое мне дали в начальной школе, так и называлось —

«уборка». Я отчетливо помню тот день. Все наперебой хотели кормить зверьков, живущих в «живом уголке», или поливать цветы, но когда учительница спросила: «Кто хотел бы быть ответственным за уборку и упорядочивание классной комнаты?» — никто не поднял руку, кроме меня, а я сделала это с огромным энтузиазмом. Судя по всему, мои «уборочные гены» были уже активированы в столь юном возрасте. Из предыдущих глав вы уже знаете, как я с удовольствием проводила свои дни в школе, с уверенностью занимаясь реорганизацией классной комнаты, всяких ящиков и книжных шкафов.

Когда я рассказываю эту историю, мне часто говорят: «Вам так повезло, вы с самого детства знали, что вам нравится! Я вам завидую. Я понятия не имею, чем бы я хотела заниматься». Но на самом деле я лишь совсем недавно поняла, насколько мне нравится заниматься упорядочиванием. Хотя я провожу почти все свое время, занимаясь уборкой, или обучая клиентов у них дома, или читая лекции, в юности я мечтала просто выйти замуж. А уборка была просто настолько неотъемлемой частью моей повседневной жизни, что лишь в тот день, когда я открыла собственное дело, до меня дошло, что она может стать моей профессией. Когда мне задавали вопрос, что я люблю делать, я мешкала, а потом в отчаянии выпаливала: «Читать книги», — и все это время гадала про себя: «А что же я *действительно* люблю делать?»

Я совершенно забыла о том, что в начальной школе мне дали задание быть «классным организатором». Пятнадцать лет спустя, убирая свою комнату, я неожиданно вспомнила об этом. Я мысленно увидела, как моя учительница пишет мое имя на доске, — и с удивлением осознала, что эта сфера интересовала меня с самого раннего детства.

Подумайте о своих собственных школьных днях и о том, чем вам нравилось заниматься. Возможно, вы были ответственным за кормление животных, может быть, рисовали картинки. Что бы это ни было, велика вероятность, что это каким-то образом связано с чем-то таким, чем вы занимаетесь сейчас, что является естественной частью вашей жизни, даже если теперь вы делаете это по-другому. В сущности своей те занятия, которые нам по-настоящему нравятся, не меняются со временем. Приведение своего дома в порядок — отличный способ выяснить, что же это за занятия.

Одной из моих клиенток стала моя близкая подруга по колледжу. Хотя после окончания учебы она поначалу работала на крупную IT-компанию, благодаря уборке она выяснила, чтó ей по-настоящему нравится делать. Когда мы приводили ее дом в порядок, она взглянула на свою книжную полку, на которой стояли теперь только те книги, которые ее очаровывали, и осознала, что все их заголовки были так или иначе связаны с благополучием общества. Множество книг, которые она покупала, чтобы изучать английский или оттачивать свои секретарские навыки после приема на работу, исчезли, а вот книги об общественном благе, которые она покупала, учась в старших классах школы, остались. Глядя на них, она вспомнила о своей волонтерской работе в качестве бебиситтера, которой она занималась много лет до того, как прийти работать в IT-компанию. И вдруг до нее дошло, что она хочет внести свой вклад в построение такого общества, где матери смогли бы работать, не беспокоясь за своих детей. Впервые осознав свою увлеченность, целый год после окончания моих курсов она потратила на изучение вопроса и подготовку, потом ушла с работы и открыла компанию, предоставляющую услуги бебиситтеров. Теперь у нее много клиенток, и она каждый день получает удовольствие от работы, стараясь всячески совершенствовать свой бизнес.

«Когда я привела свой дом в порядок, я выяснила, чем по-настоящему хочу заниматься». Это слова, которые я часто слышу от своих клиентов. Переживание опыта уборки заставляет большинство из них с бо́льшим энтузиазмом относиться к своей работе. Некоторые открывают собственные компании, другие меняют места работы, третьи проявляют более активный интерес к своей текущей профессии. Они также проникаются бо́льшим энтузиазмом в области иных интересов, своего дома и семейной жизни. Осознание

того, что им нравится, естественным образом возрастает, и в результате повседневная жизнь становится намного интереснее.

Хотя мы можем познавать самих себя, размышляя и анализируя свои характеристики или прислушиваясь к мнению других людей о нас, я полагаю, что наилучший способ — это уборка. В конце концов, принадлежащие нам вещи с большой точностью рассказывают историю решений, которые мы принимаем в жизни. Уборка — это способ провести инвентаризацию, которая покажет нам, каковы мы на самом деле.

волшебный эффект уборки преобразит вашу жизнь

«Вплоть до этого момента я полагала, что важно заниматься вещами, которые обогащают мою жизнь, поэтому ходила на семинары и занималась, чтобы приумножать свои познания. Но благодаря курсу ваших лекций о том, как приводить свое пространство в порядок, я впервые поняла, что освобождаться даже важнее, чем приумножать».

Этот комментарий был сделан клиенткой в возрасте около тридцати лет, которая любила учиться и создала широкую сеть контактов. Ее жизнь разительно изменилась после моих курсов. Главной вещью, с которой она не хотела расставаться, была ее гигантская коллекция заметок и семинарских материалов, но, наконец выбросив их, она почувствовала, будто с плеч свалился огромный камень. Избавившись от почти 500 книг, которые все намеревалась когда-нибудь прочитать, она обнаружила, что каждый день получает новую информацию. А когда она выбросила огромную стопку визитных карточек, люди, с которыми она хотела общаться, начали сами звонить ей, и она смогла встречаться с ними без всякой специальной договоренности. Хотя до моего курса она увлекалась духовностью, прослушав мой курс до конца, она с удовлетворением сообщила мне: «Уборка оказывает гораздо более сильное воздействие, чем фэн-шуй, или камни силы, или другие духовные штуки». С этого момента она очертя голову бросилась в новую жизнь, ушла с прежней работы и нашла издателя для своей книги.

Уборка разительно меняет человеческую жизнь. Так получается с каждым, со стопроцентной гарантией. Ее воздействие, которое я называю «магией уборки», феноменально. Иногда я спрашиваю своих клиентов, как изменилась их жизнь после курсов. Хотя сейчас я уже привыкла к их ответам, поначалу я удивлялась. Жизнь всех без исключения людей, которые проводили уборку тщательно и полностью за один раз, решительно менялась.

Клиентка, о которой я рассказывала выше, была склонна к неряшливости всю свою жизнь. Когда ее мать увидела комнату дочери незахламленной, это произвело на нее такое впечатление, что она тоже записалась на мои курсы. Хотя она считала себя аккуратным человеком, вид комнаты дочери убедил ее, что это не так. Ей настолько понравилось расставаться с ненужными вещами, что она без сожалений избавилась от своей коллекции для чайной церемонии, которая стоила 250 долларов, и с нетерпением ожидала дней вывоза мусора.

«Раньше у меня не было уверенности в себе. Я все время думала, что мне нужно измениться, что я должна быть другой, но теперь верю, что я хороша такая, какая я есть. Установив четкий стандарт, по которому я могу оценивать вещи, я обрела уверенность в себе». Как вы можете убедиться из ее слов, один из волшебных эффектов уборки — это уверенность в своей способности принимать решения. Уборка означает, что вы берете каждый предмет в руки, спрашиваете себя, вызывает ли он радость, и на этой основе решаете, стоит ли его сохранять. Повторяя этот процесс сотни и тысячи раз, мы естественным образом оттачиваем свои навыки принятия решений. Людям, которым не хватает уверенности в собственных суждениях, не хватает уверенности в самих себе. Мне тоже когда-то не хватало уверенности. Что меня спасло? Уборка.

обрести уверенность в жизни благодаря уборке

Я пришла к выводу, что моя страсть к уборке была мотивирована желанием добиться признания со стороны родителей и комплексом, касающимся моей матери. Будучи средним ребенком в семье, я получала не так уж много внимания от родителей, начиная с моих трех лет. Конечно, это делалось ненамеренно, но в окружении старшего брата и младшей сестры я не могла не чувствовать этого.

Мой интерес к работе по дому и уборке возник, когда мне было примерно пять лет, и я полагаю, что старалась на свой лад не создавать проблем родителям, которые явно были поглощены заботами о брате и сестре. Я также с самых ранних лет стала осознавать необходимость избегать зависимости от других людей. И, конечно, я хотела, чтобы родители хвалили меня и обращали на меня внимание.

С момента поступления в начальную школу я пользовалась будильником, чтобы просыпаться раньше всех остальных. Я не любила полагаться на других, мне было трудно доверять людям, и я очень плохо умела выражать свои чувства. Из того факта, что я проводила свой досуг в одиночестве, занимаясь уборкой, вы можете догадаться, что я была не слишком общительным ребенком. Я буквально наслаж-

Вам трудно избавиться
от этой вещи —
из-за привязанности
к прошлому
или страха
перед будущим?

далась, блуждая по школе в одиночестве, и до сих пор предпочитаю все делать одна, в том числе путешествовать и заниматься шопингом. Для меня это очень естественно.

Поскольку создание доверительных уз с другими людьми давалось мне с трудом, во мне развилась необычно сильная привязанность к вещам. Думаю, именно потому, что я не чувствовала себя комфортно, раскрывая свои слабости или истинные чувства другим, моя комната и наполняющие ее вещи стали для меня драгоценны. Перед ними мне не нужно было ни притворяться, ни что-либо скрывать. Именно материальные вещи и мой дом, а не родители или друзья, научили меня ценить безусловную любовь. Честно говоря, мне до сих пор не хватает уверенности в себе. Бывают моменты, когда мои слабости повергают меня в уныние.

Однако в своей окружающей среде я уверена. Когда речь идет о принадлежащих мне вещах, об одежде, которую я ношу, о людях в моей жизни, о моей окружающей среде в целом, хотя стороннему наблюдателю все это может не показаться чем-то особенным, я испытываю уверенность и высшую благодарность за то, что я окружена любимыми вещами и людьми. Все они до единого являются для меня особенными, драгоценными и невыразимо дорогими. Вещи и люди, которые дарят мне радость, поддерживают меня. Они придают мне уверенность в том, что со мной все будет хорошо. Я хочу помогать другим людям, испытывающим те же чувства, которые некогда испытывала я; которым не хватает уверенности в себе и трудно раскрывать свое сердце другим. Я хочу им помочь, показав, какую поддержку они могут получать от пространства, в котором живут, и от вещей, которые их окружают. Вот почему я провожу свое время, приезжая к людям домой и показывая им, как нужно приводить его в порядок.

привязанность к прошлому или тревога о будущем

«Выбросите все, что не доставляет радости». Если вы хоть немножко испытали этот метод, вы уже должны были осознать, что не так трудно выявить вещи, которые дарят вам радость. В тот момент, когда вы прикасаетесь к такой вещи, вы уже знаете ответ. Гораздо труднее решиться выбросить что-нибудь. Мы приводим всевозможные резоны, чтобы этого не делать, например: *«Я не пользовалась этой кастрюлей весь год, но кто знает, возможно, она мне когда-нибудь понадобится...»* или *«это ожерелье, которое подарил мне бойфренд, очень нравилось мне в то время...»*. Но когда мы по-настоящему докапываемся до причин, по которым не можем с чем-то расстаться, есть только два объяснения: привязанность к прошлому или страх перед будущим.

Во время процесса отбора, если наткнетесь на что-то, что не вызывает у вас радости, но вы просто не можете заставить себя выбросить эту вещь, сделайте паузу и спросите себя: «*Из-за чего мне трудно избавиться от этой вещи — из-за привязанности к прошлому или страха перед будущим?*» Задавайте этот вопрос, встречаясь с каждым из таких предметов. Делая это, вы начнете замечать некий шаблон в собственном владении вещами, — шаблон, который подпадает под одну из трех категорий: привязанность к прошлому, желание стабильности в будущем или сочетание того и другого. Понимать свой шаблон собственности важно, потому что это выражение ценностей, которыми вы руководствуетесь в жизни. Вопрос о том, чем вы хотите владеть, — это в действительности вопрос о том, как вы хотите прожить свою жизнь. Привязанность к прошлому и страх перед будущим управляют не только тем, как вы отбираете вещи, которыми владеете, но и представляют критерии, по которым вы делаете выбор во всех остальных аспектах своей жизни, включая ваши отношения с людьми и вашу работу.

К примеру, когда женщина, которую очень тревожит будущее, выбирает себе мужчину, она с меньшей вероятностью выберет человека просто потому, что он сам ей нравится и ей нравится быть с ним. Она может выбрать его просто потому, что эти отношения кажутся ей выгодными, или она боится, что если она его не выберет, то может больше никого не найти. Когда речь идет о выборе профессии, такая женщина с большей вероятностью выберет работу в крупной компании, потому что это предоставит ей более широкий выбор в будущем, или она будет стремиться получить определенные квалификации в качестве гарантий, а не потому, что ей нравится эта работа или она хочет ею заниматься. Напротив, человек, у которого сильны связи с прошлым, с трудом переходит к новым отношениям, поскольку он не в состоянии забыть прежнюю любовь, с которой расстался два года назад. Ему также трудно пробовать новые методы даже тогда, когда прежний метод больше не работает, поскольку до текущего момента он все-таки работал.

Когда один или другой из этих шаблонов мышления затрудняет нам процесс выбрасывания вещей, мы не можем понять, что нам на самом деле нужно сейчас, в эту самую минуту. Мы не можем точно сказать, что нас удовлетворит или что мы ищем. В результате мы увеличиваем количество ненужной собственности, физически и психологически хороня себя в избытке вещей. Лучший способ выяснить, что нам на самом деле нужно, — избавиться от того, что нам не нужно. Для этого больше не требуются поездки в далекие страны или безудержный шопинг. Все, что необходимо сделать, — исключить то, в чем нет необходимости, должным образом подойдя к каждому предмету, который вам принадлежит.

Процесс рассмотрения и отбора принадлежащих нам вещей может быть довольно болезненным. Он заставляет нас взглянуть в лицо нашим несовершенствам и недостаткам, глупым решениям, которые мы принимали в прошлом. Не раз, глядя в лицо своему прошлому во время процесса уборки, я испытывала чувство стыда. Моя коллекция ароматизированных ластиков, которые я собирала в начальной школе; коллекция предметов по мотивам мультфильмов, которую я собирала в средней школе; одежда, которую я покупала в старшей школе, когда пыталась выглядеть взрослой, но которая мне совершенно не шла; сумки, которые я покупала, хотя и знала, что они мне не нужны, но просто нравились в магазине... Вещи, которыми мы владеем, реальны. Они существуют здесь и сейчас как результат решений, принятых в прошлом, нами самими — и более никем. Неправильно игнорировать их или избавляться от них без разбора, словно отрицая тот выбор, который мы сделали. Вот почему я против того, чтобы позволять вещам накапливаться, — но и против того, чтобы выбрасывать вещи без должного рассмотрения. Только когда мы перебираем принадлежащие нам вещи по одной и ощущаем эмоции, которые они в нас вызывают, мы в состоянии по-настоящему оценить наши с ними отношения.

По отношению к своим вещам мы можем избрать три разных подхода. Оценить их сейчас, оценить их когда-нибудь или избегать оценки до конца своих дней. Выбор за нами. Но лично я верю, что гораздо лучше разобраться с ними прямо сейчас. Если мы признаем свою привязанность к прошлому и страх перед будущим, честно оценив нашу собственность, мы сможем понять, что для нас по-настоящему важно. Этот процесс, в свою очередь, помогает нам идентифицировать свои ценности и уменьшить сомнения и растерянность, принимая жизненно важные решения. Если мы сможем запастись уверенностью в своих решениях и с энтузиазмом взяться за дело, не давая сомнениям тормозить себя, мы сможем достичь гораздо большего. Иными словами, чем скорее мы разберемся со своей собственностью, тем лучше. Если вы собираетесь привести свой дом в порядок — сделайте это сейчас.

как узнать, без чего можно обойтись

Как только люди принимаются за настоящую уборку, они мешок за мешком выносят из своего дома мусор. Я слышала, как многие из учащихся, посещающих мои курсы, сравнивают свои результаты, беседуя о том, сколько мешков мусора они выбросили или что обнаружили в своем доме. На сегодняшний день рекордное число мешков, наполненных мусором, было у супружеской пары, которая выбросила 200 мешков и более десяти предметов слишком крупных, чтобы поместиться в мешки. Большинство людей смеются, слыша это, и думают, что у этих супругов был очень большой дом с огромным количеством кладовых; но это не так. Они жили в совершенно обычном двухэтажном четырехкомнатном жилище. В нем было немножко больше жилой площади, чем в большинстве японских домов, поскольку в доме также имелся чердак, но разница в пространстве была не так уж и велика. Хотя при взгляде на обстановку казалось, что вещей действительно много, с первого взгляда невозможно было понять, что в доме скрывается столько ненужных предметов. Иными словами, у любого дома есть потенциальная возможность предъявить такие же объемы мусора.

Когда я заставляю клиентов сортировать свои вещи и избавляться от ненужного, я не останавливаюсь на полпути. Среднее количество вещей, выброшенное одним-единственным человеком, колеблется от двадцати до тридцати 45-литровых мусорных мешков, а у семейства из трех человек оно приближается к 70 мешкам. Общая сумма всех выброшенных на сегодняшний день моими клиентами вещей превысила бы 28 тысяч мешков, а количество индивидуальных предметов далеко зашкаливает за миллион. Однако, несмотря на разительное сокращение количества вещей, еще никто не жаловался, что у него в связи с этим возникли какие-то проблемы. Причина этого совершенно ясна: избавление от вещей, которые не приносят радости, не оказывает совершенно никакого вредного эффекта. Закончив уборку, все мои клиенты удивляются, что не замечают неудобств в своей повседневной жизни. Это мощное напоминание о том, что всю свою жизнь они жили, окруженные вещами, которые не были им нужны. Исключений нет. Даже те клиенты, у которых осталось меньше пятой части от прежнего количества вещей, в конце концов приходят к тому же выводу.

Разумеется, я не говорю, что никто из моих клиентов никогда не пожалел о том, что что-то выбросил. Это далеко не так. Вы можете твердо рассчитывать, что подобное случится как минимум трижды во время процесса уборки, но пусть это вас не беспокоит. Хотя мои клиенты жалели о том, что выбрасывали какие-то конкретные вещи, после они никогда не жаловались. Они уже усвоили на собственном опыте, что любая проблема, вызванная отсутствием чего-то, может быть решена действием. Когда мои клиенты рассказывают об ощущении, что выбросили что-то такое, что не надо было выбрасывать, они говорят об этом с юмором и жизнерадостностью. Большинство из них смеются, говоря: *«В какой-то момент я думала, что попала в беду, но потом до меня дошло, что моей жизни это не угрожает»*. Это отношение берет начало не в оптимизме отдельной личности, оно не означает, что человек становится беззаботным и не реагирует на отсутствие важных вещей. Скорее оно показывает, что, выбирая предметы, с которыми нужно было расстаться, эти люди изменили свой образ мышления.

Что, если им понадобится содержание документа, который они выбросили? Прежде всего, поскольку они уже сократили общее количество документов, они могут быстро убедиться в том, что нужного документа нет, без необходимости искать его по всему дому. Тот факт, что «обыск» не потребуется, на самом деле является бесценным освободителем от стресса. Одна из причин, по которым захламленность так достает нас, заключается в том, что нам приходится искать предмет хотя бы ради того, чтобы убедиться, что его нет, и очень часто, несмотря на все поиски, мы не можем найти то, что ищем. Сократив же количество имеющихся документов и храня их все в одном месте, мы можем с первого взгляда сказать, есть ли среди них нужный или нет. Если его нет, мы можем сразу же переключиться на размышление о том, что теперь делать. Мы можем попросить помощи у знакомых, позвонить в компанию или поискать информацию самостоятельно. Когда решение найдено, у нас нет иного выбора, кроме как действовать. И когда мы это делаем, мы обращаем внимание на то, что часто такую проблему оказывается очень легко разрешить.

Вместо того чтобы страдать от стресса, ища вещь и не находя ее, мы беремся за дело, и дело это часто приводит к неожиданным выгодам.

Жизнь становится
намного проще,
как только
вы понимаете,
что мир
не рассыплется
на части, даже если вам
чего-то не хватает.

Ища содержание нужного документа в других местах, мы можем обнаружить новую информацию. Связываясь с другом, мы можем углубить отношения с ним или он может познакомить нас с человеком, являющимся знатоком в данной сфере. Неоднократно повторяющиеся опыты подобного рода дают нам понять, что если мы будем действовать, то всегда сможем получить необходимую информацию в нужный момент. Жизнь становится намного проще, как только вы понимаете, что мир не рассыплется на части, даже если вам чего-то не хватает.

Есть еще одна причина того, почему мои клиенты никогда не жалуются, выбросив свои вещи, и причина весьма примечательная. Поскольку они продолжают выявлять и выбрасывать вещи, которые им не нужны, они больше не сваливают ответственность за принятые ими решения на других людей. Когда возникает проблема, они не ищут для нее никакой внешней причины или человека, которого можно было бы обвинить. Теперь они принимают собственные решения и сознают, что думать о том, какие действия предпринимать в любой ситуации, — по-настоящему важно. Отбор и выбрасывание личных вещей — непрерывный процесс принятия решений, основанный на личностных ценностях. Избавление от ненужного оттачивает навык принятия решений. Разве не жаль было бы лишиться возможности развить в себе эту способность, сохраняя свои вещи? Приходя домой к своим клиентам, я никогда ничего не выбрасываю. Я всегда оставляю окончательное решение за ними. Если бы я решала вместо них, что нужно выбросить, в уборке не было бы никакого смысла. Именно в процессе приведения дома в порядок меняется стиль мышления человека.

ЗДОРОВАЕТЕСЬ ЛИ ВЫ СО СВОИМ ДОМОМ?

Первое, что я делаю, приходя домой к клиенту, — здороваюсь с его домом. Я преклоняю колени на полу в центре дома и мысленно обращаюсь к нему. После короткого знакомства, назвав свое имя, адрес и род занятий, я прошу помощи в создании пространства, где живущее в нем семейство сможет наслаждаться более счастливой жизнью. Затем я кланяюсь. Это безмолвный ритуал, который отнимает всего две минуты, но мои клиенты после этого порой смотрят на меня с удивлением.

Этот обычай вполне естественно вошел у меня в привычку, он основан на этикете почитания, принятом в синтоистских святилищах. Не помню точно, когда я начала его исполнять, но полагаю, что меня вдохновила атмосфера напряженного ожидания, которая возникает, когда клиент открывает дверь: она напоминает атмосферу, которую ощущаешь, входя в ворота храма и ступая на священную землю. Вам может показаться, что этот ритуал способен оказывать лишь действие, сходное с эффектом плацебо, но я заметила значительное увеличение скорости уборки, которое возникает после того как я его исполняю.

Кстати говоря, занимаясь уборкой, я не надеваю спортивные костюмы или рабочую одежду. Вместо этого я обычно одета в платье и блейзер. Хотя я иногда накидываю поверх них фартук, внешний вид для меня приоритетен по сравнению с практичностью. Некоторые клиенты удивляются и беспокоятся, что я могу попортить свою одежду, но у меня не возникает никаких сложностей с тем, чтобы двигать мебель, забираться на кухонные столы и заниматься другой активной работой во время уборки, делая это в красивом наряде. Это мой способ продемонстрировать уважение к дому и всему, что в нем содержится. Я считаю, что уборка — это празднество, специальный прощальный пир для тех вещей, которые уйдут из этого дома, и одеваюсь соответственно. Я уверена, что, если я окажу уважение вещам, которые выбираю для этой цели, и начну работу с приветствия дому, то дом с удовольствием расскажет мне, что больше не нужно этой семье и куда класть оставшиеся вещи, чтобы живущая в нем семья чувствовала себя в этом пространстве комфортно и счастливо. Такой подход ускоряет принятие решений на стадии хранения и избавляет от сомнений во время всего процесса уборки, так что все проходит гораздо более гладко.

магическая уборка преобразит вашу жизнь

Возможно, вы не верите, что можете это сделать. Возможно, вам кажется, что нужно быть профессионалом, подобным мне, чтобы услышать, что говорит дом. Однако в действительности лучше всех понимают свой дом и свои вещи сами их владельцы. По мере того как мы проходим урок за уроком, мои клиенты начинают отчетливо понимать, от чего им нужно избавиться и куда следует класть оставшиеся вещи, и процесс уборки протекает гладко и споро. Есть одна беспроигрышная стратегия, которая позволяет быстро отточить представление о том, что вам нужно и где будет место для каждой вещи: здоровайтесь со своим домом всякий раз, как приходите домой. Это первое домашнее задание, которое я даю своим клиентам на частных уроках. Так же, как вы приветствуете свою семью или домашнего любимца, скажите «Привет! Я дома!» своему дому, когда вернетесь. Если забудете сделать это при входе, скажите потом, когда вспомните: «Спасибо за то, что даешь мне крышу над головой». Если вы стесняетесь говорить такие вещи вслух, то вполне можете проговорить их мысленно, молча.

Если будете делать это постоянно, то вскоре начнете ощущать, что ваш дом реагирует на вас, когда вы приходите. Вы почувствуете, как его признательность овевает вас, точно легкий ветерок. Тогда вы постепенно начнете чувствовать, в каких местах ему требуется уборка и куда вам следует убирать свои вещи. Во время уборки продолжайте диалог со своим домом. Я знаю, это кажется совершенно непрактичным советом, но если вы проигнорируете этот шаг, то обнаружите, что работа идет далеко не так гладко.

В сущности своей уборка должна быть актом восстановления равновесия между людьми, их вещами и домом, в котором они живут. Однако распространенный подход к уборке склонен фокусироваться только на отношениях между людьми и вещами, не обращая внимания на их жилище. Тем не менее я прекрасно сознаю ту роль, которую играет дом. Всякий раз, оказываясь дома у клиента, я чувствую, как дом ценит своих обитателей. Он всегда остается на одном и том же месте и ждет, когда вернутся мои клиенты, и готов предоставить им убежище и защиту. Как бы утомлены они ни были после целого дня работы, дом ждет их, чтобы восстановить их силы и исцелить их. Когда им не хочется работать и они блуждают по дому в своих праздничных нарядах, дом принимает их такими, каковы они есть. Вы не найдете никого более великодушного и приветливого, чем собственный дом. Уборка — наша возможность выразить благодарность дому за все, что он делает для нас.

Чтобы проверить на практике мою теорию, попробуйте приводить свой дом в порядок, исходя из представления о том, что сделало бы его счастливым. Вы удивитесь, как гладко пойдет процесс принятия решений.

Во время уборки
разговаривайте
со своим домом.

ВАШИ ВЕЩИ ХОТЯТ ВАМ ПОМОЧЬ

Больше половины своей жизни я провела в мыслях об уборке. Я каждый день бываю дома у разных людей и провожу время в общении с их вещами. Не думаю, что есть на свете какая-нибудь другая профессия, благодаря которой я могла бы видеть все, чем владеет человек, или наблюдать, как он изучает содержимое шкафов и ящиков. Я побывала во многих домах, и естественно, что находящиеся в них вещи и способы организации всегда бывают разными. Однако у всей этой собственности есть одна общая черта. Задумайтесь о том, почему у вас есть вещи, которыми вы владеете. Если вы ответите «потому что я их выбрал», или «потому что они мне нужны», или «благодаря целому ряду совпадений», все эти ответы будут правильными. Но все эти вещи — без исключения — горят желанием быть вам полезными. Я могу говорить об этом с уверенностью, поскольку за свою карьеру я внимательно изучила сотни тысяч разных вещей.

При тщательном рассмотрении судьба, связывающая нас с вещами, которыми мы владеем, оказывается совершенно удивительной. Возьмем для примера хотя бы одну рубашку. Несмотря на то, что налажено массовое производство таких рубашек, эта конкретная рубашка, которую вы купили и принесли домой в конкретный день, уникальна для вас. Судьба, которая привела вас к каждой вещи, находящейся в вашей собственности, так же драгоценна и священна, как судьба, которая связывает нас с людьми в нашей жизни. Каждая из ваших личных вещей пришла к вам не без причины. Когда я излагаю эту теорию, некоторые клиенты отвечают: *«Я так давно забросила этот наряд, что теперь он весь в морщинах. Должно быть, он ужасно на меня злится»*, или: *«Если я не буду пользоваться этой вещью, она меня проклянет»*. Но, поверьте моему опыту, я никогда не встречала ни одной вещи, которая попрекала бы своего владельца. Такие мысли являются результатом чувства вины, испытываемого владельцем, а не исходят от самих вещей. Так что же чувствуют те вещи, находящиеся у нас дома, которые не вызывают у нас радости? Думаю, они просто хотят уйти. Лежа позабытыми в ваших шкафах, они лучше, чем кто-либо другой, понимают, что не приносят вам счастья.

Все, чем вы владеете, желает служить вам. Даже если вы выбросите эти вещи или сожжете их, они оставят после себя лишь энергию желания быть полезными. Освобожденные от своей физической формы, они будут жить в вашем мире как энергия, давая другим вещам знать, что вы — человек особенный, и возвращаясь к вам в виде вещи, которая будет вам сейчас наиболее полезна, вещи, которая принесет вам наибольшее счастье. Предмет одежды может вернуться как новый красивый наряд, а может вновь возникнуть как информация или новая связь. Обещаю вам:

все, с чем вы расстанетесь, вернется к вам ровно в том же количестве, но только тогда, когда почувствует желание возвратиться к вам. По этой причине, выбрасывая вещь, не вздыхайте и не говорите: *«Ой, я так ни разу этим и не пользовалась»* или «Извини, что мне так и не удалось тебя поносить». Вместо этого прощайтесь с радостью и со словами: *«Спасибо, что ты нашла меня»* или *«Счастливого пути. Скоро увидимся!»*.

Избавьтесь от тех вещей, которые больше не вызывают радости. Сделайте ваше расставание церемонией отправки их в новое путешествие. Отпразднуйте вместе с ними это событие. Я искренне верю, что наша собственность становится еще счастливее и энергичнее, когда мы ее отпускаем, чем когда мы ее приобрели.

ваше жизненное пространство воздействует на ваше тело

Когда процесс приведения дома в порядок уже запущен, многие из моих клиентов отмечают, что сбросили вес или укрепили мышцы живота. Это очень странный феномен, но когда мы уменьшаем количество принадлежащих нам вещей и, в сущности, проводим «детоксикацию» своего дома, это оказывает такой же эффект и на наши тела.

Когда мы выбрасываем все одним махом, что иногда означает выбрасывание до 40 пакетов мусора за один день, наши тела могут отреагировать на это способом, который напоминает кратковременный пост. У нас может случиться приступ диареи или сыпи. В этом нет ничего плохого. Тело просто избавляется от токсинов, которое накопило за годы, и вскоре вернется в нормальное состояние — точнее, через день или два оно даже придет в лучшую форму. Одна моя клиентка вычистила свой шкаф и избавилась от вещей, на которые не обращала внимания десять лет. Сразу же после этого у нее случился сильный приступ диареи, после которого она почувствовала себя намного легче. Я понимаю, это похоже на скверный рекламный трюк — утверждать, что можно сбросить вес, занимаясь уборкой, или что от этого ваша кожа станет чище. Но это не означает, что сказанное мною — неправда. Увы, я не могу продемонстрировать вам фотографии моих клиентов «до и после», но я своими собственными глазами видела, как меняется их внешность, когда в комнатах становится чище. Их фигуры становятся более обтекаемыми, кожа светится, а глаза сияют ярче.

Когда я только начинала свой бизнес, этот факт меня очень заинтриговал. Но, всерьез поразмыслив над ним, я поняла, что это не так уж и странно. Я представляю себе это примерно так. Когда мы приводим дом в порядок, воздух внутри его становится свежее и чище. Сокращение количества вещей в нашем пространстве также сокращает количество пыли, и теперь мы на самом деле проводим косметическую уборку чаще. Когда пол не загромождён вещами, грязь на нём отчётливо видна, и нам хочется её убрать. Когда захламлённости нет, убирать гораздо легче, и поэтому мы делаем косметическую уборку тщательнее. Свежий воздух в комнате определённо полезен для кожи. Для уборки требуются энергичные движения, что, естественно, вносит свой вклад в снижение веса и поддержание физической формы. А когда в нашем пространстве абсолютно чисто, нам не нужно больше беспокоиться об уборке, поэтому мы вольны сфокусироваться на следующих важных проблемах в нашей жизни. Многие люди хотят быть стройными и спортивными, и это становится их целью. Они начинают больше ходить и меньше есть, и эти действия способствуют потере веса без специального сидения на диете.

Но я думаю, что главная причина такого воздействия уборки заключается в том, что благодаря этому процессу люди учатся быть довольными. После уборки многие клиенты говорят мне, что их суетные желания уменьшились. В прошлом, сколько бы у них ни было одежды, они никогда не были удовлетворены и всегда хотели купить что-нибудь новое. Но стоило им провести отбор и сохранить лишь те вещи, которые они по-настоящему любят, как они почувствовали, что у них есть всё, что им нужно.

Мы накапливаем материальные вещи по той же причине, по которой едим, — чтобы удовлетворить аппетит. Поддаваясь импульсу и предаваясь излишествам в еде и питье, мы пытаемся снять стресс. В наблюдениях за своими клиентами я заметила, что, когда они выбрасывают лишние вещи, их живот становится более плоским; когда они выбрасывают книги и документы, очищается разум; когда они уменьшают количество косметики и вычищают поверхности вокруг раковины и ванны, цвет лица улучшается, а кожа становится гладкой. Хотя у меня нет научных подтверждений этой теории, очень интересно видеть, как отдельные части тела реагируют на уборку — соответственно их близости к той области, которая приводится в порядок. Разве это не замечательно, что уборка дома может еще и усилить вашу красоту и внести свой вклад в создание более здорового и спортивного тела?

порядок притягивает удачу

В связи с популярностью фэн-шуй люди часто спрашивают меня, принесет ли уборка удачу. Фэн-шуй — это метод усиления удачи путем организации своего жилища. Он начал набирать популярность в Японии около 15 лет назад и теперь довольно хорошо известен. Для многих людей именно фэн-шуй является тем стимулом, который впервые пробуждает в них интерес к организации и приведению дома в порядок. Я не эксперт по фэн-шуй, но изучала основы этого искусства в качестве части моих исследований в области уборки. Верить ли, что он способен усилить удачу, или нет — это решать вам, но с древности люди в Японии применяли в повседневной жизни свое знание фэн-шуй и принципов ориентирования.

Лично я тоже применяю знания наших предков в области уборки. Например, складывая вещи и устанавливая их вертикально в ящиках, я аранжирую их по цвету, чтобы создать градацию от темного к светлому. Правильный порядок — размещать одежду более светлых тонов в передней части ящика и постепенно переходить к более темным цветам в его задней части. Не знаю, способствует ли это увеличению удачи, но когда вещи аранжированы по гамме цветов и тонов, на них приятно смотреть всякий раз, как открываешь ящик. По какой-то причине наличие более светлой одежды впереди, похоже, оказывает успокаивающее воздействие. Если вы упорядочиваете свое жилое пространство таким образом, что в нем становится комфортно жить, и каждый день чувствуете себя энергичными и счастливыми, разве нельзя сказать, что увеличилась ваша удача?

Концепция, лежащая в основе фэн-шуй, — это дуализм сил *инь* и *ян* и сила пяти стихий (металла, дерева, воды, огня и земли). Основная идея состоит в том, что все на свете обладает собственной энергией и с каждой вещью следует обращаться таким образом, который соответствует ее характеристикам. Мне кажется, это совершенно естественно. Философия фэн-шуй говорит о жизни в согласии с правилами природы. Цель моего подхода к уборке — совершенно такая же. Я полагаю, что истинная цель уборки — жить в самом естественном состоянии из всех возможных. Не кажется ли вам, что неестественно обладать вещами, которые не приносят радости или которые нам на самом деле не нужны? Я полагаю, что обладание только тем, что мы любим и что нам нужно, — это наиболее естественное состояние.

Приводя свой дом в порядок, мы можем жить в нашем естественном состоянии. Мы выбираем те вещи, которые дарят нам радость, и ценим то, что воистину драгоценно в нашей жизни. Ничто не может принести большего счастья, чем совершать такие простые и естественные действия. Если это удача, тогда я убеждена, что приведение дома в порядок — лучший способ достичь этой цели.

как определить, что для нас действительно драгоценно

После того как клиент закончит процесс отбора, решив, что сохранить, а что выбросить, бывают моменты, когда я достаю из стопки, предназначенной для сохранения, пару вещей и снова спрашиваю: «*Вот эта футболка и этот свитер – они действительно вызывают у вас радость?*»

С удивленным видом мои клиенты неизменно говорят: «*А как вы догадались? Это как раз те вещи, относительно которых я не могла решить, выбросить их или оставить*».

Я не эксперт в области моды и не пытаюсь «спасти» эти вещи, исходя из их внешнего вида. Я вижу выражение лиц клиентов, когда они проводят отбор, — то, как они держат вещь, блеск в глазах, когда они ее касаются, скорость, с которой они принимают решение. Реакции на вещи, которые нравятся, и вещи, в которых клиент не уверен, четко различаются. Когда человек берет в руки вещь, которая вызывает радость, решение обычно бывает мгновенным, прикосновение мягким, а глаза светятся. Когда речь идет о предмете, который не вызывает радости, руки медлят, человек склоняет голову набок и хмурится. Подумав несколько секунд, он может все равно положить этот предмет в стопку для сохранения. В этот момент лоб нахмурен, а вокруг губ залегают складки. Радость являет себя в теле, и эти физические признаки не ускользают от моего внимания.

Однако, честно говоря, я могу сказать, какие предметы не вызывают радости в сердцах моих клиентов, даже не глядя на их лица в процессе отбора. Еще до того как прийти к ним домой, я провожу частный урок по теме «Метод уборки КонМари». Уже одна эта лекция оказывает существенное воздействие, и часто, когда я впервые прихожу в дом к клиенту, он уже начинает уборку.

Одна из моих лучших учениц, женщина в возрасте чуть за тридцать, выбросила 50 мешков мусора к тому времени, как я впервые приехала к ней. Она открывала свои ящики и шкафы с гордостью и говорила: «Здесь больше не от чего избавляться!» И действительно, ее комната разительно отличалась от тех фотографий, которые она мне показывала. Свитер, который прежде был небрежно брошен на трюмо, теперь был аккуратно убран, а платья, множество которых висело на вешалке вплотную друг к другу, оказались прорежены настолько, что между ними появилось пространство. Однако, несмотря на это, я вытащила из шкафа коричневый пиджак и бежевую блузу. Они разительно отличались от остальных вещей, которые она решила сохранить! Обе были в хорошем состоянии, и похоже было, что их носили.

— Эти вещи действительно дарят вам радость? — спросила я.

Выражение ее лица мгновенно изменилось.

— Знаете, вот этот вот пиджак... мне нравится его покрой, но мне на самом деле хотелось черный. Черного пиджака моего размера не было... А поскольку у меня тогда не было коричневого пиджака, я решила, что все равно его куплю, но в конечном счете мне стало казаться, что он мне не идет, и я надевала его всего несколько раз.

А что касается блузы, — продолжала она, — мне очень понравился покрой и материал, поэтому я купила таких две. Первую я сносила почти до дыр, но потом по какой-то причине мне расхотелось носить вторую.

Я никогда не видела, как она обращается с этими вещами, не знала ничего об обстоятельствах их покупки. Единственное, что я сделала, — это тщательно осмотрела вещи, висевшие в шкафу клиентки. Когда изучаешь вещи пристально, начинаешь понимать, приносят ли они радость своему владельцу. Когда женщина влюблена, происходящие в ней перемены очевидны всем, кто ее окружает. Любовь, которую она получает от мужчины, уверенность, которую придает ей любовь, ее желание стараться выглядеть красивой ради него, — все это наполняет ее энергией. Ее кожа светится, глаза сияют, и она становится еще красивее. Аналогичным образом и вещи, которые владелец любит, к которым он относится с заботой, полны энергии и излучают ауру желания лучше услужить своему владельцу. Вещи, которыми дорожат, сияют. Вот почему я могу с одного взгляда сказать, действительно ли вещь приносит радость. Искренняя эмоция радости обитает в теле человека и в собственности владельца — и поэтому ее невозможно скрыть.

окружите себя вещами, которые делают вас счастливым

У каждого есть любимые вещи, с которыми человек не может расстаться даже в мыслях, и неважно, что другие люди качают головами, видя их. Я каждый день вижу предметы, которые другие считают драгоценными, и вы бы не поверили, если бы узнали, насколько странные и непонятные вещи порой вызывают любовь — например, набор из десяти кукол, надевающихся на пальцы, у каждой из которых только один глаз, и все глаза разные; сломанный будильник в форме мультяшного персонажа; коллекция речного плавника, которая больше напоминает кучу хвороста... Но мгновенным ответом на мой нерешительный вопрос «А это... м-м... действительно вызывает у вас радость?» служит безусловное «да!». С уверенным взглядом и сияющими глазами спорить невозможно, потому что и у меня есть один такой любимый предмет — футболка с изображением Киккоро.

Киккоро (Лесной мальчик) был одним из двух официальных талисманов выставки Экспо-2005 в г. Аити, которая пропагандировала любовь к земле и возобновляемые, экологически безопасные технологии. Старший из талисманов, Моридзо, вероятно, пользуется большей известностью.

Киккоро был постоянным спутником Моридзо; это маленький, ярко-зеленый пухленький коротышка, и на моей футболке изображен только Киккоро. Я постоянно ношу ее дома. Это единственная вещь, с которой я попросту не в состоянии расстаться, даже если меня высмеивают, говоря: «*Да как ты можешь это носить? Разве тебе не стыдно? Это так неженственно! Выброси немедленно!*»

Позвольте мне внести ясность. Вещи, которые я ношу дома, как правило, красивы. Обычно я ношу женственную одежду, например платья с многочисленными слоями розовых кружев и хлопчатобумажные ансамбли с цветочным принтом. Единственное исключение — моя футболка с Киккоро. Это довольно странный предмет одежды, он ярко-зеленого цвета, на нем изображены лишь глаза и полуоткрытые пухлые губы Киккоро, а на ярлыке прямым текстом указано, что это детский размер. Когда в 2005 году проводилась эта выставка, я ее купила и носила больше восьми лет, хотя у меня нет никаких сентиментальных воспоминаний, связанных с самим этим событием. Уже читая собственный рассказ о ней, я стесняюсь того, что так держусь за эту вещь, однако всякий раз, видя ее, я не могу заставить себя ее выбросить. Мое сердце начинает биться быстрее, стоит мне увидеть чудесные круглые глаза Киккоро.

Содержимое моих одежных ящиков организовано таким образом, чтобы я с одного взгляда могла понять, что там лежит. Среди моей грациозной, женственной одежды эта футболка торчит, как гвоздь в диване, однако от этого она лишь становится еще милее моему сердцу.

Ей уже столько лет, что она должна была бы вытянуться и потерять форму, но это не так, и я не могу найти ни одного предлога, чтобы избавиться от нее. Тот факт, что по этикетке видно, что она была сделана в другой стране, хотя выставка была японской, мог бы разрушить ее очарование, но я все равно не могу ее выбросить.

За вещи такого типа можно и нужно держаться. Если вы можете без всяких сомнений сказать: «Мне это по-настоящему нравится!» — в этом случае, что бы ни говорили другие, можете смело их игнорировать. Будем откровенны: мне бы не хотелось, чтобы кто-нибудь видел, как я надеваю эту футболку. Но я сохраняю ее ради тех маленьких радостей, которые она мне дарит; ради смеха, от которого я не могу удержаться, надевая ее и глядя на нее — в полном одиночестве; ради удовольствия, которое я ощущаю, когда мы с Киккоро вместе в поте лица проводим уборку и думаем, чем заняться дальше.

Не могу представить себе большего счастья в жизни, чем быть окруженной вещами, которые я люблю. А вы что скажете? Единственное, что вам нужно сделать, — это избавиться от всего, что не трогает ваше сердце. Нет более простого способа добиться удовлетворения жизнью. Как еще это можно назвать, если не «магией уборки»?

настоящая жизнь начинается после того, как вы приведете свой дом в порядок

Хотя я на протяжении всей этой книги говорила об уборке, на самом деле уборка не так уж необходима. Вы не умрете в неубранном доме, и есть в мире немало людей, которым наплевать, приведут они свой дом в порядок или нет. Однако такие люди никогда не взяли бы в руки эту книгу. Но вас судьба заставила прочесть ее, и это означает, что у вас, вероятно, есть сильное желание изменить свою текущую ситуацию, «перезагрузить» свою жизнь, улучшить свой образ жизни, обрести счастье и засиять новым светом. По этой самой причине я могу гарантировать, что вы сумеете привести свой дом в порядок. В тот момент, когда вы взяли эту книгу с намерением провести уборку, вы сделали первый шаг. Если вы дочитали до этого места, вы уже знаете, что нужно делать дальше.

Люди способны по-настоящему ценить лишь ограниченное количество вещей в единицу времени. Поскольку я по натуре одновременно ленива и забывчива, я не могу как следует заботиться о слишком большом количестве вещей. Поэтому я хочу по-настоящему ценить те вещи, которые люблю, и именно поэтому настаиваю на уборке бо́льшую часть своей жизни. Однако я полагаю, что лучше всего провести генеральную уборку быстро и покончить с ней. Почему? Потому что уборка — это не цель жизни.

Если вы считаете, что уборкой нужно заниматься каждый день, если вы считаете, что вам придется делать ее всю свою жизнь, пора очнуться от иллюзий. Я клянусь вам, что уборку можно провести тщательно и быстро, всю за один раз. Единственные две задачи, которые вам нужно будет продолжать решать до конца вашей жизни, — это задача выбора, что сохранить, а что выбросить, и забота о вещах, которые вы решили сохранить. Вы можете привести свой дом в порядок — сейчас, раз и навсегда. Единственные люди, которым приходится всю жизнь, год за годом, думать об уборке, — это люди, подобные мне, которые находят в этом занятии радость и с энтузиазмом используют уборку для того, чтобы сделать этот мир лучше. Что касается вас — тратьте свое время и энтузиазм на те занятия, которые приносят вам наибольшую радость, на вашу жизненную миссию. Я убеждена, что приведение вашего дома в порядок поможет вам отыскать призвание, которое вызовет отклик в вашем сердце. Жизнь по-настоящему начинается после того, как вы приведете свой дом в порядок.

Послесловие

感謝

На днях я проснулась и обнаружила, что не могу пошевелить шеей и плечами. Я даже не смогла выбраться из постели, и пришлось вызывать «Скорую». Хотя причина «аварии» была неясна, я помнила, что накануне провела день дома у клиентки, заглядывая в шкафчик над гардеробом и двигая тяжелую мебель. Поскольку больше я ничего не делала, вывод был простой: я перенапряглась при уборке. Наверное, я была единственной пациенткой, у которой в истории болезни появилась такая запись — «слишком много уборки». Но, несмотря на это, пока я лежала в постели, медленно восстанавливая подвижность шеи, 90 процентов моих мыслей были посвящены уборке. Этот опыт заставил меня по достоинству оценить способность заглядывать в шкафчики.

Я написала эту книгу, потому что хотела поделиться с людьми магией уборки. Глубокие эмоции, рождающиеся в душе, когда отправляешь в дальний путь вещи, исполнившие свое предназначение, эмоции, очень похожие на те, которые ощущаешь в момент окончания учебного заведения; восторг, который переполняет сердце в момент судьбоносного «щелчка», когда вещь находит свое единственное и неповторимое место; и, самое главное, свежий, чистый воздух, наполняющий комнату после того, как она приведена в порядок, — все это моменты, которые делают самый обычный день намного ярче.

Я хотела бы воспользоваться возможностью поблагодарить всех тех, кто поддерживал меня во время написания этой книги, несмотря на то что единственное, на что я способна, — это уборка: господина Такахаси из издательства *Sunmark Publishing*, мою семью, все мои личные вещи, мой дом. Я молюсь о том, чтобы благодаря магии уборки еще больше людей смогли ощутить радость и удовлетворение от жизни в окружении вещей, которые они любят.

Мари Кондо (КонМари)

Чего хочет женщина, когда она хочет любви?

Героини впустили автора в свою личную жизнь и на протяжении 8 лет делились самым сокровенным

Все, чего хочет Лина — быть желанной. Она заводит любовника, потому что муж месяцами не прикасается к ней.

Все, чего хочет Мэгги — быть для кого-то особенной. Например, для своего учителя, который оставляет ее после уроков и пишет смски по ночам.

Все, чего хочет Слоун — чтобы ею восхищались. Ее мужу нравится смотреть, как она занимается любовью с другими мужчинами, но когда-нибудь она перейдет черту.

★ Лучшая нон-фикшн книга 2020 года по версии Британской национальной книжной премии

★ Бестселлер New York Times No. 1 (2019)

★ The No. 1 Sunday Times Bestseller (2019)

★ Foyles Non-Fiction Book

«В мире нет ни одной женщины, которая не узнала бы — со спазмами в животе, с бешено бьющимся сердцем — что-то из того, через что проходят Мэгги, Лина и Слоун».

– Rachel Cooke, Observer –

БОМБОРА
издательство

Лиза Таддео
«ТРИ ЖЕНЩИНЫ»
(отрывок)

МЭГГИ

Этим утром ты собираешься как воин, который готовится к сражению. Твоя боевая раскраска — макияж. Отрешенный дымчатый взгляд из-под густых ресниц. Темно-розовые румяна, губная помада естественного цвета. Твои длинные волосы слегка подкручены, чтобы казаться более объемными. Ты научилась делать прическу и макияж самостоятельно. Ты стоишь перед зеркалами, а в комнате гремит *Linkin Park* и *Led Zeppelin*. Ты — одна из тех девушек, которые инстинктивно понимают, как пользоваться косметикой и аксессуарами, как орудовать заколками-невидимками, чтобы они исчезли в прическе.

Ты надеваешь туфли на танкетке, легинсы и топ с рукавом-кимоно. Ты хочешь, чтобы он понимал: перед ним больше не ребенок. Тебе уже двадцать три.

Конечно, тебе хочется, чтобы он по-прежнему тебя желал, чтобы пожалел о том, что потерял. Тебе хочется, чтобы, сидя за ужином, он вспоминал твои танцующие бедра.

Шесть лет назад ты была изящной, и он любил твои маленькие ручки. Многое изменилось. Твой отец умер — в августе он вскрыл себе вены на местном кладбище. Ты рассказывала ему об отце, о проблемах с родителями. О том, как один разыскивает другого по барам, чтобы вытащить его оттуда. Оба были алкоголиками, но отец пил сильнее. Ты чувствуешь, что он мог бы понять, что звук дождя, который колотится о землю над могилой отца, причиняет тебе боль. Ах, как там сыро... тебе мерещится, что отец недоумевает, почему ты оставила его в холодном черном ящике... Разве смерть не затмевает того, что происходит в зале суда? Разве смерть не затмевает весь этот бред, всех этих копов и адвокатов? Разве не осталось на свете такого места, где вы все еще вместе, только вы вдвоем?

Ты едешь в суд округа Касс вместе с братом Дэвидом. По дороге ты выкуриваешь несколько сигарет. От тебя исходит запах чистого тела и геля для душа вперемешку с ароматом духов и сигаретным дымом. Он терпеть не мог, когда ты курила, поэтому ты обманывала, уверяя его, что курят родители, а табачный дым просто въелся в твои волосы и ткань твоих кофточек. В католической церкви ты даже поклялась бросить курить — ради него. Он заслуживал всего того, что ты могла ему дать, даже того, чего ты давать не хотела бы...

Ты могла бы сделать так, что он не появился бы тут сегодня — даже несмотря на то, что он, как утверждают адвокаты, имеет право быть здесь. В глубине души тебе хочется, чтобы он появился. Ты понимаешь, что и в полицию ты пошла именно для того, чтобы снова увидеть его лицо. Потому что (и большинство согласятся с этим), когда любовник уходит, отказывается видеть тебя, бросает на произвол судьбы свою зубную щетку и хорошие ботинки, не отвечает на электронные письма, покупает себе новые *хорошие ботинки*, потому что это намного выгодней, чем снова угодить в мышеловку под названием «ее непреходящая боль», — тогда кажется, что тебе заморозили внутренние органы. Становится так холодно, что нечем дышать. Шесть лет он не появлялся. Но сегодня он придет, и на судебные разбирательства тоже явится, так что совершенно ясно: ты делаешь это только ради возможности увидеть его еще шесть раз. Такая идея покажется нелепой всем, кто не знает: человек может уничтожить другого одним лишь своим исчезновением.

Ты беспокоишься, что все еще хочешь его. Наверное, его жена переживает. Ты представляешь себе, как она, рассеянно играя дома с детьми, все время смотрит на часы.

Ты паркуешь машину и выкуриваешь еще одну сигарету, прежде чем войти внутрь. На улице довольно холодно, но в такую погоду приятно курить. Иногда кажется, что Фарго — просто начало всех начал. Серебристые грузовики со свистом проносятся по трассе. У них есть пункт назначения, координаты, к которым следует стремиться. Красивее и свободнее грузовиков только поезда. Ты делаешь глубокий вдох, и холодный воздух наполняет легкие.

Ты приходишь в зал первой. Слава богу. Здесь только ты, Дэвид, прокурор Джон и его помощник Пол. Мысленно ты называешь их по имени — и обращаешься к ним так же. Им кажется, что ты нарушаешь субординацию. Они не представляют твои интересы: они представляют штат Северная Дакота. Не думай, что прокуроры — твоя защита. Они — твоя тень, это больше похоже на правду.

Входит судебный репортер.

А потом входит Он. Со своим адвокатом, скользким типом по имени Хой.

Он садится напротив тебя. На нем та же одежда, в какой он обычно ходил в школу. Рубашка на пуговках, галстук, слаксы. Странно. Ты ожидала, что он придет в костюме. Хотя бы в чем-то более элегантном и солидном. Но его внешний вид вдруг делает его до боли знакомым. Ты задумываешься, не ошибалась ли ты все эти годы. Его молчание ты принимаешь за безразличие, но, быть может, он, как и ты, погружен в потусторонний страх. Говорят, у него родился третий ребенок. Мысленно ты представляешь качели, румянец на щеках его жены и новую жизнь, которая в ней зародилась, в то время как ты дрожала, сидя в ледяной ванне самоуничижения. Ты отяжелела, твой макияж отяжелел, стал более густым и многослойным. Но, может быть, все эти годы он тоже умирал от тоски по тебе. Как поэт, обрекал себя на десятилетия страданий. Качели заржавели. **Ограничения среднего класса стали забором его тюрьмы. А жена — надсмотрщиком. А дети — да! — они всему причиной: ради них он предпочел жить без тебя и быть несчастным.**

На мгновение тебе хочется дотянуться до него маленькими руками, которые он так любил... Любит ли он их до сих пор? Куда уходит любовь рук, когда все умирает? Тебе хочется взять его лицо в ладони и сказать: «Черт, прости меня, что я тебя предаю. Мне было ужасно больно, и я разозлилась — ведь ты украл у меня несколько лет жизни! Все, что ты делал, было неправильно. А теперь я здесь. Посмотри на меня. Я нанесла боевую раскраску, но под ней мне страшно, я напугана, я устала. Я хочу тебя, я люблю тебя. Я набрала три килограмма. Меня несколько раз исключали из колледжа. Мой отец только что покончил с собой. Я принимаю все эти таблетки, загляни в мою сумку — чертова куча таблеток. Я — девочка с горстью таблеток, как старуха. Я должна встречаться с парнями, от которых пахнет травкой, но вместо этого я полностью сжилась со своей ролью жертвы. Я писала тебе. Ты ни разу не ответил».

Ты уже почти тянешься к нему. Тебе безумно хочется сказать, что тебе жаль, хочется умолять его, чтобы он позаботился о тебе. Никто не может позаботиться о тебе так, как он, ты это знаешь. Никто не умеет слушать так, как он. Слушать часами. Как отец, как муж, как учитель, как лучший друг. Он отрывает свой взгляд от стола и смотрит в упор на тебя. У него холодные, черные, мертвые глаза. Небольшие агаты, суровые и блестящие. Старше, чем ты запомнила. Ты вообще не помнишь таких глаз. Раньше они были наполнены любовью и вожделением.

отрывок

Он забирал твой язык в рот и сосал его с такой страстью, словно хотел сделать своим.

Теперь он ненавидит тебя. Это ясно. Ты вытащила его сюда, вырвала из уютного дома, где его ждут трое детей и жена, которая последует за ним куда угодно. Ты вытащила его в эту чертову январскую слякоть, привела в эту мерзкую комнату и заставила тратить деньги и сбережения родителей на скользкого и неприятного адвоката. Ты зациклилась на том, чтобы разрушить его жизнь. Все, что он построил. Все электронные доски, которые он включает в классах в семь утра. Из-за тебя ему уже пришлось продать один дом и купить другой.

Сегодня в Северной Дакоте Аарон Нодель — учитель года. Во всем штате он считается лучшим в своем деле. И вот появляешься ты, убогая бродяжка, отродье алкашей, дитя самоубийцы, девица, которая и раньше была со взрослыми мужчинами и втягивала их в неприятности. Ты портила жизнь военным, оплоту Америки. И вот ты снова тут, грязная шлюха, чтобы погубить репутацию учителя года. Он презрительно фыркает. Ты чувствуешь яичный запах.

Совершенно ясно одно — ты должна перестать думать о нем. Немедленно. Если не сможешь, то никогда не выйдешь из этой комнаты. Ты ищешь предел своего сердца и, как это ни невероятно, находишь его. Потрясенно ты благодаришь себя и Бога. Часто ли ты чувствовала, что поступаешь правильно? Сегодня такой день. Может быть, единственный. Ты думала, что все еще хочешь трахаться с ним. Ты преследовала его в Сети — сегодня это даже не преследование: открываешь компьютер — и все обрушивается на тебя. Тебе не скрыться от угодливых статей в местных газетах. Фейсбук подсовывает тебе ссылку на магазин, где твой бывший любовник покупал перчатки. Свежие фотографии заставляют вздрагивать, тормошат в тебе былую страсть... Но теперь ты сидишь здесь — и ничего не чувствуешь. Ты видишь его плотно сжатый маленький рот. Его неидеальную кожу. Его губы больше не кажутся тебе чувственными: они сухие и тонкие. Он выглядит болезненно, словно целыми днями ел маффины, пил растворимый кофе и кока-колу и сидел в подвале, хмуро уставившись в стену.

Его адвокат Хой желает всем доброго утра. Он ужасен — дикие усы топорщатся во все стороны. Он заранее объявил журналистам, что его клиент прошел тест на детекторе лжи, хотя такое доказательство суд вряд ли примет.

Даже усы Хоя демонстрируют осуждение. Он из таких типов, которые дают тебе почувствовать себя необразованным плебеем, куском дерьма, с машиной, которая не заводится в морозное утро вроде сегодняшнего.

— Не могли бы вы назвать свое полное имя под запись? — говорит он.

Судебный репортер набрасывается на клавиатуру. Брат Дэвид дышит в унисон с тобой. Ты произносишь свое имя:

— Мэгги Мэй Уилкен, — и откидываешь назад длинные, продуманно уложенные волосы.

отрывок

Первый раунд вопросов должен тебя успокоить и заставить расслабиться. Хой спрашивает про время, которое ты провела в штате Вашингтон со своей сестрой Мелией. Мелию и ее мужа Дейна, военного, ты навещала и на Гавайях, но Хой спрашивает про то время, когда они жили в Вашингтоне. Это было после Аарона. Потому что жизнь твоя делится таким образом. До Аарона и после Аарона. Ее можно было бы разделить на жизнь до самоубийства отца и после, но именно Аарон является главной вехой — если уж говорить честно.

Хой спрашивает о посещении сайта знакомств *Plenty Of Fish*. Ты и правда разместила там свою анкету, когда была в Вашингтоне. Но адвокат говорит так, словно ты продавала собственное тело за банку пива. Ты знаешь, что именно такие, как он, пишут законы, по которым ты обязана жить. Мужчины, которые говорят так, словно сайты знакомств — это рекламные объявления борделя. Словно ты — девушка, которая публикует свои фотографии в самом непристойном виде.

Ты действительно встречалась с несколькими парнями с этого сайта, но все они оказались жалкими неудачниками. Ты ни с кем из них не спала и за напитки заплатила сама. Было даже неловко. Но все это происходило до того, как люди стали размещать фотографии в Инстаграме, чтобы вызвать зависть. Это было раннее, медленно раскачивающееся время начала новой эпохи. Хой спрашивает про сайт, название которого не может произнести правильно.

— Что это? — уточняешь ты.
— Я не знаю, но вы-то бывали на этом сайте? — говорит он.
— Нет, я не знаю, что это такое.

«И ты это понимаешь, урод», — думаешь ты. Но в такой обстановке лучше не спорить. Наверняка жена и дети давно научились ему врать, чтобы избежать мучительных допросов, способных разрушить душу.

Он спрашивает о твоем конфликте с отцом. С твоим дорогим умершим отцом, который там, под глиной и дождем. Раньше вы часто ссорились, и ты говоришь об этом как есть.

— Из-за чего вы ссорились? — спрашивает Хой.
— Из-за чего угодно.

Ты ничего не утаиваешь, что бы это тебе ни сулило и что бы они о тебе ни подумали.

Он спрашивает о братьях и сестрах, о том, почему все они рано покинули отчий дом. Ты пока этого не знаешь, но твои слова могут быть использованы против тебя. Они выстраивают защиту на твоих собственных высказываниях. Они хотят показать, из какой ты нехорошей семьи. И какая ты распущенная. Сайты знакомств, дурная семья. Твои родители — обычные алкоголики, заделавшие детей по пьяни, а потом отправившие их на все четыре стороны, чтобы они принесли с собой проблемы в разные штаты. Ты живешь не в престижной западной части Фарго, как мистер Нодель, учитель года Северной Дакоты. Ты ютишься в неблагополучном районе, а он живет в привлекательном, благородного цвета доме, где имеется аккуратно свернутый шланг, из которого никогда не забывают поливать газон.

Все это время ты смотришь на него. И думаешь о том, что между вами было. Ты думаешь: «Если бы время замерло! Если можно было бы вернуться назад, где все было так просто, где все были живы. Где наши руки все еще дружили...»

Хой говорит:

— Вы сказали, что были близки с мистером Ноделем еще до первого года в старшей школе...

— Правильно, — подтверждаешь ты.

— Как это произошло? — спрашивает Хой.

Ты задумываешься, как ответить на этот вопрос. Ты мысленно закрываешь глаза. И сразу переносишься из черной смерти своего настоящего в райские просторы прошлого.

Судьба Мэгги объявилась в один прекрасный день без предупредительного звонка. Мягкой кошачьей поступью, как все в этом мире, что может разрушить твою жизнь.

До нее доносились только слухи о нем. Некоторые девочки говорили, что он «секси». Гладкие темные волосы, словно застывшие с помощью геля в постоянном салюте. Красивые темные глаза. Такой учитель, ради которого хочется идти в школу даже в холодное дакотское утро. Его имя восторженным шепотом проносилось по коридорам — словно произносящие его были околдованы. *Мистер Нодель.*

Мэгги не относилась к тем, кто принимает на веру чужие слова о чьей-то сексуальности. Она никогда не разделяла общее мнение только для того, чтобы не выделяться. Подруги знали, что она не фильтрует выражений и может сказать мужчине все что угодно. Они посмеивались, но втайне радовались, что такая девчонка, которая способна сказать парню: «А ну, пойдем выйдем!» — не думая о последствиях, в их команде.

Наконец в тот самый день, между второй и третьей учебными парами, она наткнулась на него, когда он шел по коридору. На нем были брюки цвета хаки, строгая рубашка и галстук. Это был не тот момент, который ярким метеором врывается в жизнь. Вообще встреча с важной персоной в твоей жизни редко бывает похожа на взрыв. Тогда она сказала подружкам, что он, конечно, симпатичный, но сходить с ума не от чего.

Но привлекательных мужчин-учителей в школе было немного. То есть совсем не было. Вообще в школе их было трое — мистер Мерфи, мистер Кринк и мистер Нодель, и все они дружили. Они общались не только друг с другом, но и с учениками: могли отправить им сообщение или электронное письмо. Мистер Мерфи и мистер Нодель руководили студенческим конгрессом, а мистер Кринк и мистер Нодель вместе вели курс риторики и публичных выступлений. После школы они порой заглядывали в ресторанчики и бары, где можно было выпить хорошего пива — *Spitfire Bar & Grill, Applebee's, TGI Friday's*. Они смотрели футбол и выпивали по несколько кружек. В учебное время они перекусывали в комнате мистера Ноделя. Это был своеобразный клуб, где за сэндвичами разгорались горячие дискуссии о футбольных играх.

Из троих друзей мистер Нодель был самым ярким. Высокий, крупный, с темными волосами и карими глазами. Впрочем, нацелиться на него как на классическую добычу вряд ли удалось бы — он был женат и имел детей. Но он был самым привлекательным из всего учительского коллектива в сорок человек. Если не можешь поехать в Лас-Вегас, приходится довольствоваться местным казино, не так ли?

Во втором семестре в старшей школе мистер Нодель вел у первокурсницы Мэгги английский язык и литературу. Эти предметы сразу заинтересовали девушку. Она внимательно слушала, поднимала руку и постоянно улыбалась. После уроков они часто разговаривали. Он смотрел ей в глаза и слушал, как подобает хорошему учителю.

Все сложилось само собой. Когда в футбольном полуфинале Западный Фарго сошелся с Южным Фарго, тренер вызвал Мэгги, и она затрепетала как птичка. Тренер сказал, что им нужны ее мышцы. Они проигрывали, но благодаря ей почти не проиграли. Воздух был бодрящим, сияло солнце. Мэгги помнит, что в тот день ей было радостно думать, что у нее впереди целая жизнь, чтобы сделать все, что ей захочется. В комнате ее висели плакаты *Мии Хэмм* и *Эбби Уомбак*. Мама расписала изголовье ее кровати, как сетку футбольных ворот, Мэгги бредила *Дэвидом Бекхэмом*. Она страстно хотела получить спортивную стипендию в колледже. Ей не было дела до мальчиков, вечеринок и сплетен. Она мечтала об огромных стадионах, куда люди будут приходить, чтобы увидеть игру ее команды. И вот она оказалась на перепутье. У нее сохранились детские мечты, но теперь у нее появлялись взрослые возможности для их реализации.

На вечеринку в честь завершения первого года Мэгги с подружками протащили в зал спиртное в бутылках из-под газировки, а потом все отправились к одному из одноклассников, родители которого уехали из города. Там накинули еще. Закуски почти не было, все страшно проголодались и поехали в «Перкинс» — что-то типа благотворительной кухни, где кормят супом. У здешних клиентов были красные рожи, а прокуренные официантки надрывно кашляли. Но когда ты молод и пьян и среди ночи разыгрался аппетит, то тебя ничто не смущает. Когда ты молод, то можешь сделать что угодно и жалеть об этом не будешь.

Где-то вдалеке раздался протяжный гудок поезда. Мэгги оживилась — она представила, как когда-нибудь купит билет в один конец и уедет из Фарго навстречу карьере и красивой квартире в стильном большом городе. Ей рисовалась ее будущая жизнь — может, конкретный путь она представляла весьма расплывчато, но возможностей было море. Она может стать астронавтом, звездой рэпа, бухгалтером. Она может стать счастливой.

Все права защищены. Книга или любая ее часть не может быть скопирована, воспроизведена в электронной или механической форме, в виде фотокопии, записи в память ЭВМ, репродукции или каким-либо иным способом, а также использована в любой информационной системе без получения разрешения от издателя. Копирование, воспроизведение и иное использование книги или ее части без согласия издателя является незаконным и влечет уголовную, административную и гражданскую ответственность.

Издание для досуга

**МЕТОД КОНМАРИ
ЯПОНСКИЕ СЕКРЕТЫ ИДЕАЛЬНОГО ПОРЯДКА**

Мари Кондо

МАГИЧЕСКАЯ УБОРКА

Японское искусство наведения порядка дома и в жизни

Главный редактор *Р. Фасхутдинов*
Руководитель направления *Л. Ошеверова*
Ответственный редактор *К. Елисеева*
Художественный редактор *П. Петров*
Бренд-менеджер проекта *Л. Ладнова*
Технический редактор *М. Печковская*
Компьютерная верстка *Е. Кумшаева*
Корректор *Г. Москаленко*

Страна происхождения: Российская Федерация
Шығарылған елі: Ресей Федерациясы

ООО «Издательство «Эксмо»
123308, Россия, город Москва, улица Зорге, дом 1, строение 1, этаж 20, каб. 2013.
Тел.: 8 (495) 411-68-86.
Home page: www.eksmo.ru E-mail: info@eksmo.ru
Өндіруші: «ЭКСМО» АҚБ Баспасы,
123308, Ресей, қала Мәскеу, Зорге көшесі, 1 үй, 1 ғимарат, 20 қабат, офис 2013 ж.
Тел.: 8 (495) 411-68-86.
Home page: www.eksmo.ru E-mail: info@eksmo.ru
Тауар белгісі: «Эксмо»
Интернет-магазин : www.book24.ru
Интернет-магазин : www.book24.kz
Интернет-дүкен : www.book24.kz
Импортёр в Республику Казахстан ТОО «РДЦ-Алматы».
Қазақстан Республикасындағы импорттаушы «РДЦ-Алматы» ЖШС.
Дистрибьютор и представитель по приему претензий на продукцию,
в Республике Казахстан: ТОО «РДЦ-Алматы»
Қазақстан Республикасында дистрибьютор және өнім бойынша арыз-талаптарды
қабылдаушының өкілі «РДЦ-Алматы» ЖШС,
Алматы қ., Домбровский көш., 3а, литер Б, офис 1.
Тел.: 8 (727) 251-59-90/91/92; E-mail: RDC-Almaty@eksmo.kz
Өнімнің жарамдылық мерзімі шектелмеген.
Сертификация туралы ақпарат сайты: www.eksmo.ru/certification
Сведения о подтверждении соответствия издания согласно законодательству РФ
о техническом регулировании можно получить на сайте Издательства «Эксмо»
www.eksmo.ru/certification
Өндірген мемлекет: Ресей. Сертификация қарастырылмаған

Дата изготовления/Подписано в печать 11.05.2021. Формат 84x120 $^{1}/_{32}$.
Гарнитура «NewBaskerville». Печать офсетная. Усл. печ. л. 18,67.
Доп. тираж 5000 экз. Заказ 4859

Отпечатано с готовых файлов заказчика
в АО «Первая Образцовая типография»,
филиал «УЛЬЯНОВСКИЙ ДОМ ПЕЧАТИ»
432980, Россия, г. Ульяновск, ул. Гончарова, 14

Москва. ООО «Торговый Дом «Эксмо»
Адрес: 123308, г. Москва, ул. Зорге, д.1, строение 1.
Телефон: +7 (495) 411-50-74.   E-mail: reception@eksmo-sale.ru

По вопросам приобретения книг «Эксмо» зарубежными оптовыми
покупателями обращаться в отдел зарубежных продаж ТД «Эксмо»
E-mail: international@eksmo-sale.ru

International Sales: International wholesale customers should contact
Foreign Sales Department of Trading House «Eksmo» for their orders.
international@eksmo-sale.ru

По вопросам заказа книг корпоративным клиентам, в том числе в специальном
оформлении, обращаться по тел.: +7 (495) 411-68-59, доб. 2261.
E-mail: ivanova.ey@eksmo.ru

Оптовая торговля бумажно-беловыми
и канцелярскими товарами для школы и офиса «Канц-Эксмо»:
Компания «Канц-Эксмо»: 142702, Московская обл., Ленинский р-н, г. Видное-2,
Белокаменное ш., д. 1, а/я 5. Тел./факс: +7 (495) 745-28-87 (многоканальный).
E-mail: kanc@eksmo-sale.ru, сайт: www.kanc-eksmo.ru

Филиал «Торгового Дома «Эксмо» в Нижнем Новгороде
Адрес: 603094, г. Нижний Новгород, улица Карпинского, д. 29, бизнес-парк «Грин Плаза»
Телефон: +7 (831) 216-15-91 (92, 93, 94).   E-mail: reception@eksmonn.ru

Филиал ООО «Издательство «Эксмо» в г. Санкт-Петербурге
Адрес: 192029, г. Санкт-Петербург, пр. Обуховской обороны, д. 84, лит. «Е»
Телефон: +7 (812) 365-46-03 / 04.   E-mail: server@szko.ru

Филиал ООО «Издательство «Эксмо» в г. Екатеринбурге
Адрес: 620024, г. Екатеринбург, ул. Новинская, д. 2щ
Телефон: +7 (343) 272-72-01 (02/03/04/05/06/08)

Филиал ООО «Издательство «Эксмо» в г. Самаре
Адрес: 443052, г. Самара, пр-т Кирова, д. 75/1, лит. «Е»
Телефон: +7 (846) 207-55-50.   E-mail: RDC-samara@mail.ru

Филиал ООО «Издательство «Эксмо» в г. Ростове-на-Дону
Адрес: 344023, г. Ростов-на-Дону, ул. Страны Советов, 44А
Телефон: +7(863) 303-62-10.   E-mail: info@rnd.eksmo.ru

Филиал ООО «Издательство «Эксмо» в г. Новосибирске
Адрес: 630015, г. Новосибирск, Комбинатский пер., д. 3
Телефон: +7(383) 289-91-42.   E-mail: eksmo-nsk@yandex.ru

Обособленное подразделение в г. Хабаровске
Фактический адрес: 680000, г. Хабаровск, ул. Фрунзе, 22, оф. 703
Почтовый адрес: 680020, г. Хабаровск, А/Я 1006
Телефон: (4212) 910-120, 910-211.   E-mail: eksmo-khv@mail.ru

Филиал ООО «Издательство «Эксмо» в г. Тюмени
Центр оптово-розничных продаж Cash&Carry в г. Тюмени
Адрес: 625022, г. Тюмень, ул. Пермякова, 1а, 2 этаж. ТЦ «Перестрой-ка»
Ежедневно с 9.00 до 20.00. Телефон: 8 (3452) 21-53-96

Республика Беларусь: ООО «ЭКСМО АСТ Си энд Си»
Центр оптово-розничных продаж Cash&Carry в г. Минске
Адрес: 220014, Республика Беларусь, г. Минск, проспект Жукова, 44, пом. 1-17, ТЦ «Outleto»
Телефон: +375 17 251-40-23; +375 44 581-81-92
Режим работы: с 10.00 до 22.00.   E-mail: exmoast@yandex.by

Казахстан: «РДЦ Алматы»
Адрес: 050039, г. Алматы, ул. Домбровского, 3А
Телефон: +7 (727) 251-58-12, 251-59-90 (91,92,99).   E-mail: RDC-Almaty@eksmo.kz

Украина: ООО «Форс Украина»
Адрес: 04073, г. Киев, ул. Вербовая, 17а
Телефон: +38 (044) 290-99-44, (067) 536-33-22.   E-mail: sales@forsukraine.com

Полный ассортимент продукции ООО «Издательство «Эксмо» можно приобрести в книжных
магазинах «Читай-город» и заказать в интернет-магазине: www.chitai-gorod.ru.
Телефон единой справочной службы: 8 (800) 444-8-444. Звонок по России бесплатный.

Интернет-магазин ООО «Издательство «Эксмо»
www.book24.ru
Розничная продажа книг с доставкой по всему миру.
Тел.: +7 (495) 745-89-14. E-mail: imarket@eksmo-sale.ru

      Официальный интернет-магазин издательской группы «ЭКСМО-АСТ»

ISBN 978-5-699-82795-4